分手的
99個理由

學 會 放 手 · 愛 自 己 的 人 生 必 修 課

胡咪 —— 著
Vito大叔 —— 繪

Love, Lost & Found

CONTENTS

目次

前言
愛自己，每個人都會贏

這是一個我的心魔故事。

從事補教業二十年，曾經多次接受新聞採訪，每當有大型考試或國文相關議題，記者便會來訪拍攝考情分析或尋求專業解說。

十年前有一記者採訪，主題是補教千萬名師，我私下和記者說：「今時不同以往，少子化的影響，以及產業結構的改變，除非本身是老闆、帶團隊，或是極特殊的情況，例如抽成、業外代言等；單純上課要成年薪千萬幾乎不可能，至少我就不是。」我不希望這樣的採訪內容誤導他人對補教業的認知，建議他們不要把我的畫面剪進去，用其他真正是千萬名師的畫面即可。

記者連連稱是，說一定不會這麼寫，不會造成我的困擾，回去會再和主管討論。孰料，當晚我就成了「年薪千萬補教名師」。

隨後好一段時間，不時有親朋好友用一種：「沒想到妳混得這麼好！」的神祕眼光看著我。

對於這件事情我一直很在意，當時從事行銷的朋友開導說：「妳是否真的收入千萬並不重要，重點是這個標題很聳動，大家因此認識妳，妳換得免費的能見度與聲量，這樣不是很好嗎？」

不好，我可一點都不覺得好！這種虛假的頭銜名不符實，讓我渾身不自在，造成我一朝被蛇咬，十年怕草繩。自此對採訪能推就推，幾次下來，記者隱約感覺這是一個採訪配合度很低的人，也就漸漸不再找我。

沒想到十年後，決定再次接受媒體採訪，不說國文、不談考試，竟然是受邀至談話性節目中談「婚姻」。

從小乖順，只負責上學、讀書，雖沒讀出多厲害的成績，卻也是順順利利一路念到研究所；畢業後沒遇到什麼求職困難，進入補教業，從地方補習班的教學，逐漸成為一位全台灣跑透透的補教國文老師。

後來發現，我是某種女性的典型樣貌。

生命平順，沒有經歷什麼大風大浪，甚至因為乖巧，戀愛經驗乏善可陳；這樣的女孩從小被教育要知書達禮，深諳如何展現得體的模樣，獨立、負責、專業。她們在職場人際通常不會太差，因為知道如何體貼他人，或者說她們願意委屈忍讓、犧牲奉獻，還能自我開解「退一步海闊天空」。如此知所進退的人，經過一段時間的累積，當然有可能成為被呼來喝去的便利貼女孩，也極有機會在職場有不錯的發展。

這樣的女性一旦在生活中遇到一個對她掏心掏肺的示好對象，經常因為銘感五內，想著這世界上終於有一個人不再需要自己委曲求全，反而願意更多照顧自己的人，便懵懵懂懂的與之步入婚姻。幸運的，繼續運用從小習得的「溫柔體貼識大體」，為人妻、為人母、為人媳；運氣不太好的，就像我這樣，傻傻地給生命迎來颶風般的毀滅，失去了婚姻、積蓄、自尊、自信。

書中的第一部分，便是一段鼓起勇氣的自我揭露。看起來事業有成，實則自信與自尊薄弱的我，將進入婚姻、生兒育女當作生命必要的功課，只有達成了才能得到外界認為的圓滿人生；除了活得格外努力，行事也戰戰兢兢。如果你在當中感到一些熟悉，發現自己同樣犧牲了誠實和理解去換得關係表面的和諧，那麼多希望能讓你知道——「愛自己，每個人都會贏」；反之，迎來風暴般的人生體驗將是摧枯拉朽。

面對觸礁的婚姻，從前的我會繼續縮在名為安全感的殼裡，獨自舔舐傷口；但是發現老方法對生命不再奏效時，直面就是必要的選擇，於是我踩進「內在不舒適的火焰區」，接受Vito大叔的邀約，共同成立Podcast頻道「分手的99個理由」。

我們都曾在愛情與婚姻的道途中，經歷心碎、糾結、傷感、失落、氣憤、自我懷疑等感受，想藉此陪伴正在經歷同樣獨一無二分手歷程的朋友們，盼能給予支持。節目聚焦談論親密關係議題，藉由男女雙方不同觀點，碰撞多元主題，期許讓聽眾能在性別平權及親密關係民主化的思維有所擴張，進而活出自愛與自尊。

節目播出後意外得到極佳的收聽成績，在台灣、澳門、香港、新加坡、馬來西亞等地都曾登上Apple Podcast關係類節目的排行榜前五名。書中的第二與第三部分，除了敘述如何翻越離婚這座山，更深刻的意識到傳統文化或規範是如何建構、塑造出對性別的偏見，我試圖寫出自己所觀察到的，期待你也能回看自身是否也受到這樣的影響而不自知；並擇取節目中特別吸引聽眾關注的幾個主題，一起思考愛、辨識愛。

即便「分手的99個理由」受到許多聽眾的喜愛，和Vito大叔也敞開的在節目中暢聊過往經歷，但是對我來說只需要出聲音，便好似自己還具有某種程度的隱匿，所以接到談話性節目邀約時，思及它在電視與網路上都擁有超高收視率，內心確實有過短暫的糾結。我在想，我有沒有信心面對不可控的網路留言呢？然而一轉念便同意前往錄影，因為我知道自己和十年前已不再相同。

過往不自信的我，無論中性的評價或非理性的貶損，經常都回頭成了自我批判的利刃。但伴隨婚姻的結束，我決心重修與自己的關係，認知到「我」對我很重要，對世界很重要，愉快伸展的心，才能為世界閃耀歡樂的頻率。選擇做自己生命中的啦啦隊，做最支持自己的人；面對別人眼中的期待與猜想，也更能分辨那是善意或是無益。

錄影後，果然有一整排看起來深具攻擊力道的留言，例如：這個女人很蠢、很笨、很可悲之類的；與此同時我也看到了有同樣經歷的觀眾，表達自己也是懵懵懂懂走進婚姻，現在正在遭遇痛苦。也收到私訊，因為看到我在節目中說的某句話，讓她感覺我或許可以提供援助，於是找到我聊一聊。放下從前念頭裡綁手綁腳的「應該」與「不應該」，我看到更多可能性，也感恩有朝一日竟能夠透過分享帶給別人一些鼓舞。

隨著一點一滴的內在覺察與練習，我益發接納每個面向的自己，無論是單純的、善感的、有愛的、世故的、鋒利的、不自信的、懶散的、自我的，那都是值得溫柔以待的部分。告別婚姻幾年後，內心強大了很多，此刻我知道，是能夠面對下一段親密關係的時候了。若曾面臨情感低潮，或對親密關係感到迷惘的你，也正思考是否有能力與勇氣迎接一段嶄新的親密關係，這些體悟，會在書中的第四部分呈現。

蘇格拉底曾說：「未經省察的人生不值得過。」探索內在想法，方能進入更深度的自我理解。為此，我在每個章節後方設計了「愛自己探索提問」。你可以在每閱讀完一個章節後閉上眼睛思索，這些問題你的答案會是什麼；也可以閱畢整本書後，連續作二十天的練習題，走向更加全然的自我悅納。

過去不曾想自己會在婚姻中遇到這樣荒腔走板的情節；走過以後卻無法想像，若未曾經歷這一切，內在是否能高速成長蛻變為如今的模樣。

我愛和欣賞自己這些年的成長，也在製作Podcast節目「分手的99個理由」的過程中，和搭檔Vito大叔以最真實的樣貌決定攜手走入彼此生命中。一如我們在節目中的分工合作，以及生活中的互相扶持，書中的文字由我執筆，插畫則是由Vito大叔繪製。

故事將要開始，它不會帶你走向百分百完美的愛情與婚姻，但一定能帶給你在關係中不同的思考與洞察。我與Vito大叔，也依然在學習中。

從依賴到獨立

關係的挑戰

PART 1

1

才分手又結婚

也許女孩的心裡多少都擁有一個被求婚的夢想畫面，
我也有。
不夠契合的價值觀與性格，
終究會在未來的某一天走向分歧。

我們分手了

是的，我和他分手了，分手還是我提出的。

交往時，我明顯感受到內心對這段關係的拉扯。我對於他的諸多價值觀並不能夠認同，思索也許這並不是一個能夠相伴一生的人；與此同時，年齡焦慮也在心中威壓不斷，我的的確確深刻受到社會價值觀的影響，認為此時此刻有點年紀，小有資產，下一步不就應該走入家庭，不然即使事業再成功，相較於同年齡的人擁有穩定高收入，我也是不夠完整的，這種不夠自信且匱乏的內在底層信念，促使我以為一段關係可以填補心中所認為的不完整，而他的出現正好趕上這一時機。

相處過程中，我能感受到彼此價值觀的差距，我擁有的是按部就班、規矩行事，相對安定保守的人格特質；他則甘冒風險、不拘一格，血液裡流動著無視禮教的因子，帶著冒險的靈魂生活。我們是如此不相同，甚至為了這樣的情況屢有齟齬，我經常用理智來說服自己：「這就是性格上的互補吧。」

然而，好一段時間之後，懷抱著一種：這樣下去也不是辦法！就算分開後短時間內遇不到下一段感情也無所謂。我依然提出分手。

分開後彼此都未聯絡，可是他卻在一個月之後回來尋求復合。他說這段時間已將我曾提過對彼此未來的擔憂通通設法處理並加以改進，希望我能再給這段感情一次機會。即便我無從驗證「通通改正」這件事，但依然被「有個對象並走向婚姻才是完整」的心態給左右，也確實感受到他想要挽回的誠意，便同意復合。

復合不過幾個月，他幾次明示暗示提出想要結婚，也在如火如荼地籌備求婚，其實如火如荼的是他，而我在努力假裝不知情。曾經聽友人說：「男朋友以為自己準備求婚的過程祕密又低調，殊不知我什麼都知道，只是不想說破，以免壞了他的精心規畫，他還得懊惱；反正時間到我再配合演出驚喜的樣子就好。」現在倒是有點明白她這話的意思。

也許女孩的心裡多少都擁有一個被求婚的夢想畫面，我也有。我心中嚮往的是一個溫馨的場景，兩人坐在一起，放鬆舒服的吃著飯，寧靜溫馨的空間裡，眼前擺放的是兩人喜歡的食物，彼此娓娓道來對於共組家庭的嚮往；僅僅如此想，就覺得幸福洋溢。

那一天真的到來，他祕密邀請了許多共同朋友，人手一枝玫瑰，在我走向見他的途中微笑遞上，接著映入眼簾的是大螢幕上播放著由我們過往相處點滴的照片剪輯而成的一支影片，待播放完畢，他手捧一大束玫瑰現身，單膝下跪拿出戒指說：「嫁給我吧！」最終我在眾人見證之下，接下玫瑰與戒指，說出：「我願意。」那一刻，現場歡聲雷動。

好吧！這只是別人眼中看到的。

事實是，整個過程我的內心並沒有那麼多的喜悅，更多的是不自在；不僅是因為這與想像中的溫馨低調不同，更多的是來自內心的不篤定——我並未準備好在與他復合沒多久的情況下就進入婚姻。

嚴格來說，自始至終，我就在勉強自己處在一段不適合自己的情感裡。光是求婚這件事情就能夠體現兩個人性格上的明顯差異，他張揚熱鬧，我簡單低調。當然這無損他愛我護我的事實，可是不夠契合的價值觀與性格，終究會在未來的某一天走向分歧。

是我不夠誠實，在這個感情重要節點上，即便內心糾結，仍對求婚Say Yes；在一切不確定中讓事件繼續發酵，甚至開始籌辦婚禮。

誰的青春被耽誤

因為好奇大家對於進入婚姻是怎麼思考的，於是問了一些朋友。

女性友人多半是這樣說的：

有時候也不知道一段感情談很久之後，最終應該要走向哪裡，不就是分手或者結婚嗎？畢竟我的青春歲月都給了這個男人，最後他不娶我，不對我負責，好像也說不過去。就算相處到後來，兩個人感情平平淡淡，可是我真的沒有力氣重新找一個人，再花一段長長的時間去相處、去磨合，那真是很累的事情啊！我哪裡還有青春可以揮霍呢？

也問過進入婚姻頗長時間的男性，當時是懷著怎樣的心情步入禮堂（或他們說是墳墓），他們通常是這樣說的：

畢竟交往這麼久，不給對方一個交代好像也說不過去，女孩子的青春很有限，她花這麼多時間跟我在一起，如果我不跟她結婚，不給她一個名分，那我不是不負責任的渣男嗎？至於求婚這件事，那時候就覺得她好像常常在暗示我，她不年輕了，她需要結婚；當然也包含家裡長輩的期待，父母希望我能夠趕快成家，娶個老婆，生個孩子，人生才圓滿，他們也比較放心。為了不要讓長輩擔心，也為了不要當一個負心漢，當然也因為眼前這個女生也算合適的對象，所以我就求婚了。

這裡面頗有值得深思之處，無論男女，不約而同認為女性的青春是有限且珍貴的資源，誰得到誰就是贏家，而贏家必須付出相應代價，例如：結婚。於是感情成了對價關係，妳給我青春，我許妳婚姻。

可是，時光遞嬗不曾獨厚男性，無論男女，都在光陰中新添年歲。雙方共同創造生命中許許多多的回憶，有快樂、喜悅，或者也有衝突、淚水；公平的來說，兩人同處時間之流，如果女性的青春在這個過程稱之為被耽誤，那男性的青春難道廉價的不值一提？

「我們男生越老越值錢啊！妳們女生在年紀上還是有壓力吧，年紀越大越生不出孩子，年紀越大越嫁不出去，五十歲的男人可以找二十到五十歲的對象；五十歲的女人就只能找五十歲以上的男人了，所以才說女生的青春很珍貴啊！」一位男性友人這麼說。

「我讚許你這麼為女性珍貴青春著想的心，只是這句話的前提是女生一定要嫁人，一定要生孩子，一定要依靠男人。我好奇的是，無論男女，如果沒有『非得在幾歲結婚生子』的想法，回到當年，你會怎麼選擇呢？」我問他。

「如果真能重新回到那個時刻，我會更謹慎的思考，婚姻對於我的意義是什麼？也會更認真確認自己與對方的性格契合度及內心想法，我們真的是準備好一起走進婚姻的兩個人嗎？」他這麼說。

原來不只是女性，男性在步入婚姻的當口，也是懵懵懂懂。只是在長期男性中心價值標準的推波助瀾下，男性需要負責，女性需要被負責；男生必須求婚，女生期待被求婚；男人的青春會增值，女人的歲月是貶值等等思想，使親密關係中的主體性與行動受到影響，彼此在不經意間將對方當成某種「工具」使用，例如生育的工具、賺錢養家的工具、讓長輩安心的工具、帶出去有面子的工具等。

當時的我也是這樣，並未將自己視為一個完整的主體，沒有直面自身的情感、恐懼、需求和願望，誤以為進入一段關係或許能使我完整，婚禮也在只有自己知道的半推半就中開始籌備。沒料到的是，那些讓渡出去的自我，在夢醒時分，都成為辛酸淚。

愛自己探索提問

1 我在一段關係中尋求的是什麼？

是陪伴、安全感、認同，還是單純的愛？

這些需求是否能在自己內在被滿足，而不需要透過他人來填補？

2 我是否曾經為了符合社會期待，而勉強自己接受一段關係或決定？

例如，因為年齡焦慮、家人期待或外界壓力，而進入一段感情或婚姻？

3 當我面對關係中的不適時，我選擇了誠實面對還是逃避？

是否曾經壓抑自己的感受，只為了維持表面的和諧？

重來一次是否仍然會做出相同的選擇？

4 我是否曾經誤以為愛是一種「交換」？

例如：「我給你青春，你給我婚姻」，這樣的觀念是否影響了自己的感情選擇？

5 我是否真正了解自己對於「理想關係」的定義？

我期待的感情模式是什麼？是激情、穩定、自由，還是其他？

這與自身價值觀是否一致？

6 我是否願意單純為了自己的快樂和幸福，選擇一段關係，而不是因為害怕孤單？

我是否曾經因為「害怕沒人愛」而進入或留在一段關係中？

7 當我做重大決定時，內心的聲音是否清晰？

是否曾經因為不夠確定，而讓外界的聲音主導自己的決策？

這樣的選擇帶來了什麼結果？

8 在關係中，我是否能夠表達真實的自己？

我是否曾經壓抑自己真正的個性、需求和想法，只為了讓對方開心或讓關係維持下去？

9 如果沒有時間壓力或社會期待，我的愛情選擇會不一樣嗎？

當「應該結婚」的觀念被移除，我是否仍然會選擇同樣的伴侶或進入相同的關係？

10 我是否將自己視為完整的個體，而非透過關係來定義自己？

我是否相信自己可以獨立擁有完整的人生，而不是非要透過另一個人來「補足」？

2

婚禮當天我就想：這婚別結了！

這是一場群眾羞辱，
在婚宴現場，我成了一個沒有聲音的洋娃娃，
是供這些友人取樂調笑的丈夫附屬物。

「親愛的，我跟妳商量一件事情，因為我算是一群哥兒們之中最晚結婚的，所以之前參加他們婚禮的時候，玩得比較兇。他們當時就揚言『此仇不報非君子』，有朝一日我結婚，他們一定要整回來，所以啊……我們婚宴當天，他們可能會玩得很嗨，到時候妳可以包容一下嗎……」開始籌辦婚禮前，未婚夫面色糾結，甚至帶著祈求的語氣這麼跟我說。

「『玩得很嗨』是什麼意思？你這樣說我不是很理解。」我心中警鈴大響，還是實事求是的想把事情弄清楚。

接著未婚夫就拿出手機，點開過往參加過的婚宴拍攝影片給我看，包括把桌上各色菜餚、湯頭倒進酒壺中製作而成的瘋狂調酒，無論是顏色或質地看起來都十分噁心，一群人大喊大笑，要求新郎一口氣喝下不能中斷，中斷的話就再加一杯。還有在送客時請新娘坐在椅子上，放一個物件在她身上，可能是乳溝或任何引人遐思的地方，然後矇住新郎的眼睛，賓客在大庭廣眾下鼓譟，要矇眼新郎聽從指令尋找物件，一群人一下喊「左邊一點、右邊一點」，一下又說「上面一點、下面一點」，最終新娘幾乎從頭到腳被新郎摸了個遍，眾人在旁邊又笑又鬧。或是角色對調，男方站著，新娘得蹲著把一顆生雞蛋從新郎的西褲內由腳踝處一路向上推，直到從褲頭推出沒有破才算過關，不然就要受到處罰，最終脆弱的生雞蛋在褲襠一帶失手破掉，蛋白蛋黃流了滿褲滿地，眾人驚聲尖笑，說著「唉唷！怎麼這麼不小心，都還沒進洞房就都流出來啦！」「好香好濃！」

未婚夫一邊放過往影片，邊看邊笑出聲來，我整個人則是氣到要發瘋！

「到底好笑在哪裡？你看著這些影片還笑得出來！如果裡面那個人是我，你老婆被一群人這樣圍觀、這樣捉弄，被這些意有所指的下流言詞跟動作調侃或意淫，你也覺得無所謂，覺得很有趣嗎！」我太生氣了，怎麼會有人把下流當有趣，還是一大群人，男男女女都有。

「好啦！好啦！對不起，妳不要生氣。我盡量叫他們捉弄我就好，不要捉弄妳，這樣可以嗎？」他似乎意識到大事不妙，討好道。

「一定要玩這些東西嗎？是自己的婚禮，難道你沒有權力表達不要這樣玩嗎？還是你真的覺得沒有關係？」看到這些荒唐又不尊重人的影片，又接收到未婚夫這種回應，我整個人大爆炸，完全無法優雅對話。

「可是我之前在婚禮上就這樣捉弄別人，現在換我結婚了，那些兄弟不會放過我的！就是要還啊！不然怎麼辦呢？」他的臉竟然還呈現出一種從容就義的果敢。

「那就不要宴客了，登記就好，省錢省力。」我打從心底不樂見這些荒誕的事情發生，給出一個釜底抽薪的建議。

「妳不要這樣啦！婚宴還是要辦啊，不然兄弟們都會說我孬，說我就是故意躲著不想被整。」他聲音低低的，像是知道做錯事，可是卻抵死不悔改的討價還價著。

「你的婚宴是為這些哥兒們辦的嗎？就這麼在意他們想什麼？不然當天就請主持人在台上說桌數太多，時間考量，不方便一一敬酒，直接取消逐桌敬酒環節，這樣你就不會被灌酒。

「至於遊戲的部分，如果你是怕別人說你孬，那黑臉我來當！我不介意你跟別人污名化我，你就說：『我老婆很兇，這樣玩我老婆會跟我離婚的！』聽到會害兄弟離婚，有義氣的人還會硬要這樣玩嗎？我是去結婚的，是想要分享喜悅給他人，為什麼要被這樣對待？」我不明白為什麼他在這件事情上這麼堅持，彷彿打從心底覺得，這個「儀式」一定要發生。

「反正距離婚宴還有一段時間，之後再說好了，妳先不要生氣啦！」最終這個討論就這麼不了了之。

醉酒的男人

「有錢沒錢，討個老婆好過年」，婚宴在農曆新年將屆前在他的家鄉舉辦。由於從小生活範圍在北部，也不覺得需要興師動眾讓朋友跑一趟別的城市，所以在發送喜帖時都跟朋友說自在就好，到不到場我都能感受到祝福。最終，來的都是至親好友，總人數並不多，剩下的三十幾桌都是他的友人。

先前引發我們爭執的討論尚未取得共識，宴客的日子就到了。梳化的時候，我找了個機會問他：「所以你跟那些朋友溝通過了嗎？」沒想到得到的答案依然大同小異：「到時候我會保護妳，有酒我喝，有什麼遊戲我來，不會讓他們捉弄妳的。」

宴會的前段一切如常，感謝父母、上菜、主持人帶小遊戲活絡氣氛；來到逐桌敬酒環節，一場荒腔走板的劇碼悄然上演。敬完幾桌長輩席後，開始來到他眾多同學、朋友們的席位，他們早已磨刀霍霍，幾桌比較客氣的就是灌下一杯烈酒；越到後面越離譜，我遠遠已經看到他們咧嘴壞笑，正在調製那些看不出是什麼內容物的綜合液體。

因為桌數頗多，加上最後一道菜即將要上桌，主持人請我先去換送客禮服，換好禮服下樓的那一刻，我看到一個男人正在舉杯喝酒，或許是味道太噁心，他仰著頭皺著眉，部分紅色的液體從嘴角溢出，順著脖子流下，暈染了熨燙整齊的白色襯衫，身旁還有一群人鼓譟著：「喝！喝！喝！喝！喝！」當最後一滴飲盡，男人舉起空杯彷若完成大業，場面歡聲雷動，他已是眼神迷茫腳步踉蹌，大喊著：「下一桌！再來！」

「這是我老公？在婚宴現場把自己弄成這副狼狽模樣的男人，是我老公？」我心中如是想。

主持人不愧是見過大風大浪，有條有理的先引導我到門口送客，親朋好友們陸續離席返家，有些長輩表情微妙，離去前說：「恭喜恭喜！新婚快樂。妳老公人面很廣，朋友都……挺活潑的呀！」我只能陪笑道謝：「謝謝您來，感恩感恩，一路平安唷。」

終於，他結束最後一桌的「灌酒儀式」過來送客，走過來時身形已經有點搖晃，一邊傻笑一邊看著我說：「老婆，妳好漂亮！我愛妳！」

這句話非但沒有讓我感受到浪漫氛圍，反而使我不寒而慄，因為那個先前說：「到時候我保護妳」的人，明顯的正在逐漸喪失清醒的判斷能力，而他所謂的兄弟哥兒們，還在原地「商討大計」，等待展開長輩離席後的鬧婚遊戲。

這是一場集體性騷擾

當賓客漸次散去，看著他的兄弟哥兒們在旁邊「布置遊戲道具」，我又急又懼，便把他拉到門後，在無人處小聲說：「現在是怎麼樣，他們還是要玩就對了？要玩你玩，我不奉陪！」沒想到他一個勁的傻笑，根本無法進入正常溝通狀態，他醉了！這男人他媽的醉了！

沒能溝通出個結果，他的一個友人找到我們，把憨笑中的他拉去準備好的「遊戲區」，又來拉我：「嫂子，別走啊！大家都在等呢！」

如果有面鏡子，我很想看看自己的表情，我的臉看起來還從容嗎？我的笑容還在臉上嗎？想到那些噁心下流的畫面，我是否已經藏不住恐懼與憤怒而面色鐵青呢？可是這樣的臉色會不會太難看？我等一下能忍住嗎？萬一我沒忍住發飆了呢？他以後會不會在朋友面前沒面子？朋友會不會說他老婆心胸狹窄，玩個遊戲而已也要生氣……

無論這一秒間思緒千迴百轉，無論這一秒間是什麼表情，都不重要了，最終我還是被他的朋友半拖半拉的從門後帶去宴會廳外。

後來發生什麼事情，也許是選擇性遺忘，沒有辦法記得很清楚。我們都被矇上眼睛，手似乎也被固定住;我的身上被放一個東西,他必須在時間內用嘴找到。他先是被轉了幾圈,搞不清東西南北,在他們出聲引導「左邊一點」、「右邊一點」之下找到我,開始在我身上進行尋物探險。

我的耳邊有好多聲音,有男生有女生,他們在尖聲笑著,彷彿一切有趣又刺激。有一個體溫正在靠近我,有一個醉酒的男人貼著我,很近,他的鼻子不時觸碰到我,一股濃烈的酒氣衝到我的鼻腔,這是一個喝了很多酒的男人!

那一刻我萬念俱灰。

這個酒醉的男人知道眼前的女人是誰嗎?他知道眼前這個女人是他剛剛牽手走過紅毯的人嗎?還是眼前是哪個女人都沒有關係?反正只是好玩。

笑鬧聲不絕於耳,他們在說著「不是那裡,不是那裡,再下面一點!」也有人說「快到了,快到了,就是那裡!」聲音中,一個渾身酒氣的男人不斷在我的肌膚各處嗅聞、游移著。

這是一場群眾羞辱,在婚宴現場,我成了一個沒有聲音的洋娃娃,是供這些友人取樂調笑的丈夫附屬物;這也是一場集體猥褻,有人用肢體、有人用思想、有人用眼睛、有人用言語;這一群共犯裡,有男、有女、有長、有少,還有我的丈夫。

強忍即將奪眶的淚水，腦海裡想的竟是：「幸好剛才先讓爸爸媽媽回台北了，幸好他們沒有看到自己的女兒被這樣對待，不然他們一定難過死了。」

在幾個彷彿經歷一世紀的「遊戲」中，我整個人都在顫抖壓抑。

為什麼這個時候還要維持優雅？我應該要甩頭走人！我應該要讓現場尷尬！我應該要喝斥這些下流當有趣的傢伙！我應該要暴走，讓他們知道老娘不是好惹的！可是我終究什麼都沒做，穿著悉心挑選的手工訂製禮服，戴著設計師朋友贊助的頂級珠寶，如此窘迫的任憑這一切荒唐發生。

哪會使按呢予人草踏

鬧劇終於結束，我臉色鐵青的回到新娘休息室。

造型師為了協助我更衣，留到最後目睹一切過程，她一邊協助拆髮飾，彷彿同感不捨，基於職業素養也只是含蓄的說：「真的是玩得有點誇張了。」我一句話也沒有說。

擅長帶動氣氛的攝影師，此時也只在旁安安靜靜的收拾器材，離開前說：「照片整理好了之後會再按照合約上說的時間提供給妳。」

除了微笑說聲謝謝，我真的擠不出多餘的詞彙。因為這場婚宴，已經成了我最不想回憶的片段。

「妳放心，剛剛那一段我都沒有拍。」關上門前，攝影師道。

因為先生已經醉到不省人事，一位原來要搭高鐵北上的友人，主動提出由他來開車送我們回台北的新婚居所。

車內一片靜默，行駛中只聽得後座醉臥之人發出如雷的鼾聲。

終於，友人開口打破沉默，說的第一句話卻是：「你嘛是一个讀冊人，哪會使按呢予人草踏？」（妳也是一個讀書人，怎麼可以這樣被人糟蹋呢？）

那一刻，我終於沒能忍住在車上淚流不止。

我想，我一定是一個很不錯的人吧！所以來到身旁的人總是這麼體貼友善。他們的隻言片語，讓我感受到被理解：原來我不用合理化這些非禮調戲，這些過程就是令人不舒服，連旁觀者都覺得離譜；同時也引發更多的傷感，我傷感於，如果這麼多人都能感受到其中的荒唐不合理，那個口口聲聲說愛我的人，怎麼會從婚宴的開始就默許這一切發生？

回到台北，在友人的協助下將他扶上樓，他交代我好好休息便離開了。

頭。

別人為他忙前忙後，這個男人卻心安理得在床上呼呼大睡，看著便一股鬱結湧上心

走進浴室，坐在浴缸裡，氤氳熱氣中腦海不斷播放婚宴現場那些荒謬至極的畫面，緩緩卸除假睫毛，把頭上一根一根的夾子拿下來，將被髮膠固定的頭髮梳開，彷彿無意識的機械動作下，腦海萌生的是：「訂婚又怎樣，宴客了又怎樣，反正也還沒去戶政事務所登記，這婚我不結了，這男人我不要了！」

即使一場婚宴下來累壞了，我卻無法入睡，只能坐在客廳胡亂轉著電視。

夜半，他醒來，連接上斷線的記憶後，發現闖禍了，立刻苦著一張臉道歉；原本板著一張臉，緊繃著情緒的我，也因為這遲來的道歉引發萬般委屈，放聲大哭起來。

即便這件事情在我心裡無法過去，我終究還是沒能做到浴缸裡那般豪情壯志的宣言：「這婚我不結了，這男人我不要了！」

愛自己探索提問

1 當伴侶的行為讓我感到不適時，我是否有勇氣表達自己的感受和界線？

在關係中，我是否曾因害怕衝突或失去對方，而選擇忍耐或壓抑自己的不適？

2 當我的價值觀與伴侶發生衝突時，我是否願意深思這段關係的適配度，而不只是勉強妥協？

面對不認同的行為，我是否曾經選擇沉默，而不是據理力爭？

3 我是否會因為害怕「別人怎麼看」而違背自己的意願做決定？

例如，擔心被貼上「不給老公面子」、「太計較」、「不合群」的標籤，因而做出不符合自己內心的選擇？

4 我是否曾經在關係中，因為「他已經道歉了」而忽略了自己真正的感受？

道歉是否真的解決了問題，還是只是讓自己勉強接受現狀？我在意的到底是他的「悔意」，還是「行動的改變」？

5 如果沒有「婚姻」這個框架，我還會選擇和這個人一起嗎？

婚姻是否只是因為「已經走到這一步，不想浪費時間」，還是我真的覺得和這個人共度餘生是幸福的選擇？

6 我的伴侶是否尊重我的感受，願意為了我的界線做調整？

在我們的關係中，我的需求和底線是否被認真對待，還是只是被敷衍、迴避，甚至淡化處理？

7 當關係中的「問題」一再重演時，我是否曾經對自己誠實：這可能是本質上的不適合？

我是否曾經試圖說服自己「他只是這次沒顧及到，以後應該會改變」，卻忽略了這是他的本質性格？

8 如果我現在不做出改變，未來的我會不會後悔今天的選擇？

當我回顧這段關係時，我是慶幸自己堅持原則，還是後悔自己當初沒有離開？

9 愛自己，對我而言真正的意義是什麼？

是讓自己不委屈？是誠實面對自己的情感？是尊重內心真正的需求？在這段關係中，我有做到真正的「愛自己」嗎？

3

好媳婦的前世今生

有人說，如果一個人從來沒有脫離過家庭獨自生活，
那麼他是沒有辦法真正成熟的。
這麼說也許有某部分道理，
但是我認為擁有成熟安定的內在狀態，
那便是無論前路如何，都會擁有堅強的心理韌性。

我是個乖巧的媳婦嗎

婚宴沒多久就是農曆年，和先生驅車南下到公婆的住處，住在那兒的幾天我都懷著忐忑的心情。

對著不熟悉的人們，初相識就要喊出「爸」、「媽」，於我而言真是相當彆扭。回想起朋友們對公公、婆婆喊「爸爸、媽媽」那股親熱勁，我都懷疑自己是不是哪裡有問題，不夠熱情奔放還是不夠敞開心房？

這不過是眾多煩惱中的一環，我還在思忖著：應該積極參與大掃除嗎？還是幫忙張羅年夜飯？或者廚藝不精就別礙手礙腳，乾脆直接坐在客廳陪長輩看電視？就算沒有遙控器的主導權，閒嗑牙幾句是不是也顯得合群？可是這樣會不會像個坐等吃食的嬌嬌女？或者乾脆待在房間裡不要露面，以避免尬聊場面發生？可這樣會不會顯得我不知禮數、不懂幫忙？像個不願融入新環境的高冷女。我應該等公婆都洗過澡再去洗嗎？我可以先睡覺嗎？明天要幾點起床才合適？總之不過是農曆過年去小住幾日，內心的五百萬種小聲音彷彿千軍萬馬奔騰，一直處於緊張兮兮的狀態。

公婆都是純樸善良的人，我能夠感受到他們的善意，面對一個不過幾面之緣的女子，要立刻看成親密的家人，肯定也不是容易的事情；這位女子還要進入他們長久以來私密的生活空間過上幾日，別人家的女兒來到我們家成了媳婦，她喜歡吃什麼？她的生活習慣怎麼樣？要事先幫她準備些什麼嗎？要跟她聊什麼話題？可以聊懷孕生子嗎？要怎麼對她說話比較合適？還是過我們平常的生活就好，不用特別為新媳婦改變？我完全能想像，對他們來說，這或許也是綁手綁腳、擔心動輒得咎的幾日。

結果是，我鼓起勇氣進了廚房幫忙，婆婆也試探性地分配給我洗菜、切菜的任務，然而我的「做工太細緻」，非得力求乾淨把葉子一片片的清洗，婆婆都拿著鍋鏟、熱好油，準備要把菜下鍋，我才把最後一片葉子在砧板上收束整齊，準備開始拿刀切菜；這完全打亂婆婆快狠準的節奏，於是我被客氣的請走了。

先生跟我說過，婆婆以前曾為公司行號做過團膳，對於烹飪很有一套。所以離開廚房這個結局也很好，是留給彼此最美好的自由。

於是接下來幾日，扣除一些團拜祭祖的行程，我便像個影子在屋子一帶晃來晃去。

第一個晚上，到了洗澡的時候，浴室有點昏暗，不是習慣的乾溼分離，各個角落已經被前一個使用者濺濕，找不到合適放置換洗衣服的架子，我擦乾馬桶蓋，把衣服毛巾放在上頭，盡量小範圍的側身沖洗，不要讓蓮蓬頭的水噴到乾淨衣物。不似以往將沐浴當作放鬆時光，僅是隨意沖洗後，趕緊回到依舊昏暗，只有一管日光燈的房間裡擦點保養品、乳液，然後腦袋繼續思緒百轉：我可以留在房間放空一下嗎？或者我最好趕緊下樓，主動詢問是否要幫忙準備稍晚拜天公的事情？邊想著我還是下樓了。

有一個早晨，先生還在睡覺，我被他的打呼聲吵得無法安眠，便起床洗漱下樓。整間屋子安安靜靜，不見其他人蹤影；環顧這間屋子，感覺好陌生，不知道自己應該待在何處，就徒步到來時曾經見到的便利商店，捧了杯熱伯爵茶呆坐了一會，我乾脆在便利商店買了標準信紙跟筆，自由書寫起來。這個年代，連鎖便利商店沒有賣筆記本，竟然優先擺放白底紅線的標準信紙供人選購，這是另一個神奇的發現。

快到中午，雖然沒人找我，但是身為媳婦的「自我審查」出現了，內在審判長說：「妳也太放肆，這麼閑散自在，成何體統！還不快回去看看，問問有沒有要幫忙的，趕緊去融入大家！」回去了以後發現，屋子內一切如常，和我離開的時候一樣，整間屋子安安靜靜，大家都在屬於自己安心的時空裡進行各自的日常，而我，連獨自坐在客廳都感到侷促。

我是迷茫的。也許該把自己視為客人，當作來體驗一間民宿，無論這間民宿空間規畫如何，住下的幾日放心使用它便是，不必與過去的習慣比較，與它和平相處即可。

可我怎麼會是客人呢？畢竟婚也結了，婆婆也帶著我跟屋子裡的歷代祖宗牌位點香祭拜，難道不該把自己當成這個家的一份子嗎？只是我不明白，為什麼辦了一場婚禮以後，就得改拜丈夫家的祖先？那過去我拜了這麼多年的自家祖先還保佑我嗎？還是祂們私下已經完成交接儀式？或者祂們已經約定好會共同守護我？

這是第一個沒有和原生家庭一起度過的農曆年，我恐怕是太失落了，以致產生很多難以名狀的詰問與情緒。我好像要跟原生家庭在某種程度上的斷離，好像得在一夕之間勉強自己融入過往生活中未曾熟悉的一群人，甚至感覺被歷代祖先拋棄了……但是我沒來得及弄清心中感受，因為我不時還在分神想，身為一位乖巧的好媳婦，此時此刻，應該做點什麼？

北上的日子到了，婆婆彷彿已壓抑多時，終於在車子臨發動前，提及了關於懷孕的事情，我可以感受她十分掛念想要有個孫子，又極力自我約束不要顯得過於急切逼人。丈夫立刻跳出來說：「好啦好啦！才剛結婚，這件事情不著急啦！」「你們年紀也不小了，要生就早一點生。」婆婆還是補了一句。我感謝他願意出面緩解這種催生場面，即便他不只一次跟別人家的孩子玩在一起時，表達想要有自己的寶寶。

我心想：「原來我也是一步步走到這裡了呀！沒對象就被問什麼時候交男友，有對象就被問什麼時候要結婚，結了婚就被問什麼時候生小孩，如果生了第一胎，接下來應該就要被問有沒有要生第二胎吧。」心中隱隱然感覺哪兒不太對勁，卻還是在接下來的日子著手進行懷孕檢查。

接下來的日子，我上網查資料，也詢問有經驗的朋友，一些朋友驚訝道：「你們結婚前都沒有做過懷孕相關檢查嗎？」那時才發現，我們竟然在對彼此健康狀況毫不熟悉的情況下就結婚了，果然是經驗不足啊！於是我開始學習量基礎體溫，記錄觀察身體變化，也安排相關的檢查，如卵巢、輸卵管、子宮等，卻也因為這樣，第一次感受到女性身體獨有的珍貴，被賦予孕育生命的能力。

之後的日子，我上醫院檢查身體、喝婆婆的愛心麻油雞湯、開始吃中藥調身體，一切似乎那般理所當然，那時甚至不曾質疑過，為什麼不是先生一起檢查身體，先生開始健康飲食，先生學習調理體質與作息，彷彿在懷孕的路上，丈夫只需要負責完成射精，甚至不需要煩惱精子與卵子是否在路上愉快的相遇，反正精卵若結合不成功，下一次再射精就好。

我並不是批評先生是個不負責任的人，而是驚訝於當時自己沒有發現這理所當然中的弔詭之處。

妳前世不是人

那段時間，一位作家朋友推薦我去找一位老師觀「前世今生」，其實我並未執迷於算命、未來預言這一類的活動，只是經常覺得這些事情神祕又有趣，條件允許之下，常常懷抱好玩探險的心情去一窺堂奧。

這個「前世今生」的諮詢非常神奇，預約時只登記名字，到了現場之後，諸如出生日期、生辰八字這類細節資訊完全不需要提供，老師只是看著我的臉，便開始說起一段段故事，過程中我不需要回應或附和所聽到的內容，聽完故事後，會有一段互動提問的時間。

根據老師的說法，當個案來到面前，她眼前出現彷彿電腦系統中一個個的資料夾，她打開資料夾的某一層，依據靈感指引，提取某一些故事告訴來到眼前的當事人。

那一日，有一個令我印象深刻的片段是這樣的，老師說：「有一世，妳不是人。所有往生的人都必須來找妳報到，妳負責的工作就是一一記錄下他們因何離開人世。妳常常在過程中思索：『這些人是怎麼回事呢？為什麼就這樣子過完了自己的人生？』或是『怎麼會這樣子死掉呢？』因而逐漸對人間感到好奇，終於決定親身到人間體驗一遭。」老師陸續又講了我某幾世的故事，有時男有時女，有時古代有時現代。

故事說完了，老師說：「那妳今天來有什麼特別想問的事情嗎？」我一愣。

老師溫柔笑道：「其實妳也沒有什麼問題想問我吧！其實很多時候，妳就是想要體驗，就是想要來玩一玩，妳並沒有想要得到什麼特定的答案，也沒有什麼問題想要問。」

天啊！老師說得還真是一點也沒錯，來之前，我確實沒有什麼疑問，就只是抱著好奇好玩的心來的。但是既然老師都開口了，何不趕緊想個問題來問一問，畢竟不問白不問，於是我說：「就問懷孕吧！因為剛結婚，想問懷孕的事情。」

老師露出意味深長的笑容說：「妳想生孩子？妳真的有想要懷孕嗎？」接著她看向坐我身側的丈夫，微微一笑說：「我並沒有看到妳的前世有發生過會阻礙你這一世有孩子的事情；不過，他才是比較想要有孩子的那個人吧！」

「妳想生孩子？妳真的有想要懷孕嗎？」這句話石火電光間穿越層層迷霧，直達我未曾自我深究的心；那一刻，內心出現一個透出光亮的裂口，揚起一種非常奇異的感受——有一個陌生人，她發現了我不曾發現的自己……

老師接著說：「妳的靈魂是想要來人間體驗的，所以妳跟很多人事物的羈絆都不會很深。妳應該知道，在這個世界上，有一個孩子是非常非常深刻的連結，這不像是妳的靈魂想做的選擇。」

那一刻，我的心裡突然有一個無比清晰的聲音說著：「對！妳根本沒認真想過要生一個寶寶啊！」事實是，過去到現在，我不曾強烈感覺：無論如何一定要孕育屬於自己的下一代。

我當然喜歡孩子，看著那些天真無邪的臉龐，便會發自內心覺得他們是天下最美好的天使，可是我真的想要生孩子嗎？坦白說，我根本不曾好好問過自己。

我只是覺得應該結婚、應該要組家庭、應該要生小孩。他們都說我應該，人生順著走，社會框架已經搭好，不是就該往那個方向去嗎？關於自由意願這件事，我想得很少，或者根本沒想到。

老師這些話，在我的內心盪漾出一圈圈的漣漪，不斷向外擴散的力量，逐漸為生命中的諸多疑惑帶來嶄新的理解。

嫁出去的女兒潑出去的水

新婚約莫一兩星期後，有一天我躲在棉被裡大哭起來。

先生驚慌失措的問：「怎麼了？怎麼了？妳在哭什麼？」我抽抽噎噎地說：「我很想家，很想爸媽。」

從小到大，我不曾遠離過原生家庭。求學時期就讀的學校都圍繞在北部，所以沒有機會離家住宿。當然有一個很大的原因是，家裡的教育模式一直是提供極大的支持與自由，這個園地給予我溫暖與支持，我愛我的家人。

曾聽過許多類似的故事，因為生長在令人想逃離的原生家庭，有些人渴望從伴侶身上獲得過往家庭不曾給予的溫暖和愛，或是嘗試組建自己的安樂窩，於是選擇盡快進入婚姻，好給自己有一個完美理由離開。

而我的情況是，小時候放學回家，就喜歡繞著母親聊天，說學校一整天發生的事情；長大工作忙碌，每一天搭著高鐵南來北往是家常便飯，但是住在一起，還是能有許多時間，聊工作、談時事，分享生活中大大小小的感受。所以當先生提出想結婚時，我心裡甚至想：如果我結婚離家了，爸爸媽媽自己待在家裡怎麼辦呢？少了我在旁邊吱吱喳喳，他們的生活會不會過得很寂寞呢？

有人說，如果一個人從來沒有脫離過家庭獨自生活，那麼他是沒有辦法真正成熟的。這麼說也許有某部分道理，但是我認為擁有成熟安定的內在狀態，那便是無論前路如何，都會擁有堅強的心理韌性。

說來好笑，其實婚後居住的地方，距離原來的家，開車不過七、八分鐘的距離，可是我竟然因為這樣而哭哭啼啼。先生當時說：「妳別哭啦，想家就回去呀，打個電話回去問，方便的話我們就一起回去過夜。」

當時我們聽說有一個習俗是這樣的，結婚之後，一個月內新婚房間內不能空懸無人睡覺，不然會不吉利。為此，當時還上網查了破解之道，後來我們在床上分別放了兩個人成套的衣服、襪子，還攤開擺成人形模樣，營造出夫妻共同躺在床上的情景。一邊嘲笑自己的迂闊，一邊歡快的回到娘家住了一晚。

然而在那一晚以後，我告訴自己，是該學著適應新的身分與生活模式。沒想到約莫過一兩個月的時間，我竟然就漸漸習慣。出門工作的時候就全力以赴，在家時也做做家務，甚至嘗試下廚做飯，即便這些都不是我過往的習慣，偶爾會產出一些「口味特別」的菜餚，不過日子也就這麼過去了。我甚至有了這樣的想法：父母也有自己的人生啊！我長大了，成家獨立了，也沒有辦法永遠操心他們，幸而他們也互相扶持，有自己的兩人世界，過往不捨的心也就放下吧。與此同時，卻又責怪自己：「哇，妳真是好狠的心啊！一開始還哭哭啼啼，現在竟然一兩個月就把父母給放下了，心裡還可以想著『父母自有父母福』，未免太冷血了吧！」我既想獨立，同時又責怪自己這麼快就釋懷，為此還懊惱了好一段時間，覺得自己是殘忍無情的。

可是前世今生老師的話，讓我得到一種自我理解式的救贖，也打開內心一個隱而未宣的祕密。

從小到大，我在人際相處上頗為寡淡。在群體裡，固然可以展現適當的禮貌與交流，也樂於合群的參與團體活動，卻難有特別深交的朋友，也拙於八面玲瓏，更別說有自己的小圈圈。我珍惜來到眼前的人們，在相處的當下投注關懷，分離後的主動維繫卻是疏怠的。出了社會後，明明不是最顯老成的臉，團隊組織中卻總是有人把我視為前輩敬重，而不是平輩，總之我經常覺得與他人間有條隱形的界線。

我一直對這樣的情況耿耿於懷——說白了就是羨慕其他人有好多的死黨、姐妹淘，彷彿對誰都能輕易掏出一片心；或是看別人社群照片總展示各種熱熱鬧鬧的活動，跟誰都認識、都能搭上一嘴熟知彼此近況；而自己呢？看似親和卻沒有特別與誰親近，「我真是個沒人緣的傢伙啊」，我常常這樣想自己。

可是，前世今生老師的話挑動了過往耿耿於懷的弦。

如果真有靈魂選擇，那麼我就應該接納自己僅僅只是想要來地球體驗的選擇；而不是分明在實務上做了選擇，內在卻產生相反的自我打擊念頭，例如：我原就不熱衷參加各式各樣的群體聚會，因此沒有那些熱鬧的活動照片，或張口就來的人脈近況，這不就是自我選擇下的正常結果，那麼又何必因此奚落自己是「沒人緣的傢伙」？

如果我想要有所改變，立志當個人脈王，那勢必就要在行動上面有所調整；如果那根本不是我的追求，又何必去糾結為何我做不到其他人的模樣？這是我所領悟到的——認識自己想要的，叩問內在所追求的，而不是因為別人覺得我需要。

因此，當我發現，原來懷孕生子不是我致力追求，原來淡如水的君子之交是自己感到舒服的交誼模式，那個時刻，一種充滿篤定的神奇力量覺醒過來。

愛自己探索提問

1 **我是否曾經為了符合「好媳婦」的期待，而忽略自己的感受？**

我是否曾經在婚後的家庭中，努力適應、迎合他人，而沒有真正思考自己是否自在？

2 **在新環境中，我是否感到有壓力要「表現合群」？這種壓力來自哪裡？**

是來自自我期待、伴侶的期望，還是社會文化的影響？

3 **我如何在婚姻或關係中，保持對原生家庭的情感連結？**

是否曾經因為結婚而感覺與原生家庭「斷裂」？

這種情感如何平衡？

4 **我對「家庭歸屬感」的定義是什麼？**

婚後的家是「新家庭」，還是「伴侶的家庭」？

這個概念對我有什麼影響？

5 **我是否曾經被「社會期待」推動，而沒有真正問自己：這真的是我要的嗎？**

例如結婚、生子、融入夫家文化等，是否真的符合自己的內心渴望？

6 **在婚姻中，我是否有勇氣堅持自己的界線，而不只是順從？**

當伴侶的家庭有期待時，我是如何表達自己的立場？我是否感到自在？

7 **我是否曾經在「自我選擇」與「自我批判」之間拉扯？**

例如，一方面選擇不積極經營人際關係，另一方面又覺得自己「沒人緣」？

8 **如果沒有人告訴我「應該」怎麼做，我會如何選擇我的生活？**

如果沒有社會期待的框架，我會如何定義「好媳婦」、「好妻子」、「好母親」？

9 **我是否曾經誤以為「愛自己」就是「滿足他人的期待」？**

我是否曾經覺得，只要讓家人開心、讓他人滿意，自己就會快樂？

10 **我如何在關係中，找到自己的聲音，並讓它被聽見？**

在家庭或婚姻中，我是否能自在地表達自己的需求？如果不行，我該如何調整？

4

愛情或許讓人盲目，但絕不是失聰

「因為伴侶打呼太大聲想要離婚會不會太誇張？」
以前如果有人問我這個問題，
我大概會覺得，好像有點過頭了；
但我現在會說，一點也不誇張，
它是一個再真實不過的理由。

朋友在剛剛結婚時，我經常在半夜收到她提出的Candy Crush續命要求，就是邀請好友給她發送愛心，讓她可以多一條命繼續玩下去。我當時忍不住發訊息跟她說：「欸！妳搞什麼！不是才新婚，晚上不跟老公一起睡覺，為什麼總是大半夜一個人在玩Candy Crush？」她發訊息回我說：「我也想睡啊！就真的沒辦法睡覺，因為我老公打呼的聲音真的超大聲！我都快要發瘋崩潰了，只能玩遊戲打發時間。」當時我覺得她特別搞笑，便回了一串「哈哈哈哈哈哈哈哈！」她還不死心地把枕邊人的打呼聲錄下來，傳了一個聲音檔給我：「妳聽聽看，這打呼聲這麼大，怎麼可能睡得著呢？」我當時想，這就是夫妻之間的日常，旁人也幫不上忙，只能為她掬一把同情的眼淚。

後來她告訴我一個故事。

他們住的社區夜間都會有保全人員至每一層樓巡邏。有一個星期，她先生出差不在家，就在先生結束出差，進家門前經過一樓大廳時，保全人員對她先生說：「嗨！你出遠門回來啦！你應該是有好一段時間不在家吧？」朋友先生說：「是的，我之前出差一星期，怎麼了嗎？是家裡發生什麼事情嗎？」保全人員笑著說：「沒事沒事。只是我平常晚上巡邏到你們家那一層的時候，都會在電梯間聽到你打呼的聲音，可是這一個禮拜我都沒聽到，所以我猜你應該是不在家。」當朋友告訴我這件事情時，我大笑不止，說：「也太誇張了吧！妳老公打呼的聲音真的有這麼大聲？大聲到穿透了主臥室的牆壁，再穿過客廳，再穿越你們家大門口，再傳到等電梯的地方。如果是這樣，那妳在家裡根本就無所遁逃，他一打呼根本就是三百六十度立體聲環繞。」她說：「是真的，一點都不誇張，我真的很痛苦，他一打呼我完全無法睡覺。」

朋友說她已經有好一段時間沒有辦法好好睡覺，最後只能借助安眠藥。可是她說透過安眠藥進入睡眠狀態，其實是一件不舒服的事；因為安眠藥有固定的藥效作用期間，當她透過安眠藥睡著以後，等到效力一過，她的眼睛再度睜開，她又繼續聽到老公的打呼聲。有時候太累真的很想再吞第二顆安眠藥，可是理智告訴她要克制，因為安眠藥畢竟無法取代自然睡眠的益處，她擔心過度依賴藥物傷害身體，特別是當她發現自己的精神狀態越來越差，只好利用白天先生出門上班的時候補個眠；好一段時間她晚上透過安眠藥睡一陣子，白天一人在家再補眠一陣子，生理時鐘大亂，整天都昏昏沉沉的，她的脾氣變得非常暴躁，暴躁到連先生都說：「以前我們交往的時候，妳的脾氣沒有這麼壞的；可是為什麼自從結婚住在一起之後，妳好像變了一個人。」讓她變暴躁的始作俑者竟然還語帶委屈的說「老婆妳變了」，差點沒讓朋友原地炸裂。

後來因為朋友的精神狀況實在太糟糕，先生拗不過太太要求終於去做了身體檢查。不查不知道，一查嚇一跳。醫生說她先生有非常嚴重的「睡眠呼吸中止」，如果不積極處理的話，有可能會在睡眠過程中因為呼吸不順暢而猝死。

她的先生在這危急存亡之秋，終於聽從醫生建議進行相應的改善手術，幫助他能夠在躺下時有更寬敞的呼吸道空間，從而改善打呼的狀況。手術後，她說先生打呼的音量降低很多，即便依舊打呼，可是她戴耳塞便能夠稍微睡得著了。

朋友是個說故事高手，把一件平凡的日常，描述得活靈活現，所以即便內心同情，當時也只是當作一個好玩又悲傷的故事聽，無法完全的同理，未曾想過，有一天也將遇到打呼大魔王。

結了婚之後，才發現先生打呼的聲音真是非同凡響；嚴格來說，在結婚前就大約知道他打呼的情況。過去我們曾經一同出遊，有時候在交通工具上面，例如高鐵上、汽車裡，他只要坐著閉上眼大約三秒就能睡著，一睡著立刻打呼，發出的鼾聲是可以讓前後左右乘客聽到的音量；他的朋友也不只一次說，他打呼的聲音從前在學生宿舍就是遠近馳名的呢！

當時應該就是抱著一種僥倖的心態。我想，再怎麼會打呼，也不可能整個晚上都在打呼，總會有空檔；同時也催眠自己，總有一天會習慣的。我真的曾經這麼想過，直到結婚以後每夜共處一室，這才發現事情根本不像我想的那樣——愛情可能是盲目的，但絕不會讓人失聰！這世界上就是有人可以從躺下睡著那一刻開始打呼直到醒來為止中間毫無任何間隙地鼾聲如雷。

我是淺眠的人，些微的聲響就能干擾我的睡眠，例如時鐘的秒針移動，更何況是這麼大的鼾聲呢？婚後我真的開始體會到朋友當初的感受。

我曾經在結婚之初與先生商量：「你打呼的聲音真的讓我無法入眠，我們可不可以分房睡呢？家裡也有空房間，整理一下加張床，這樣你也不用顧慮我，對兩個人的睡眠品質都好。」他卻不同意，只說：「這怎麼行，夫妻怎麼可以分房睡。」

過程中他其實也嘗試很多方式，例如止鼾鼻夾、止鼾貼、止鼾帶、戴口罩等，甚至還一度拿膠布貼自己的嘴，但沒有一個方法奏效。

後來，他為了不要分房睡，又想讓我能睡，於是會要我先上床，他待在客廳看電視，等我睡著了之後，再悄悄的進房。

我原就不容易睡著，所以他通常都要等上好一會兒的時間，累了也不敢進房，怕我還沒睡熟；但是就算我睡著，只要他一坐上床鋪，我感覺到床的一側下陷，就會微微醒來；而他是個一躺下來三秒鐘就睡著的人，在我微微清醒、半夢半醒之間，立刻被那宛若洪鐘的鼾聲震醒，迎接我的，又是一個無眠的夜晚。

我曾經嘗試忍耐或是催眠自己有一天會習慣，買了各種類型的耳塞，但是那巨大的聲音根本什麼品牌的耳塞都擋不住；剛結婚的時候我還頗有閒興的下載一個測量分貝的APP，在無法成眠的夜晚打開APP，放在他的腦袋旁邊測分貝，於是看到難以忘懷的手機螢幕畫面：「警告！警告！此音量相當飛機起飛！」

我的內心經常有兩個聲音，善良小天使說：「畢竟打呼不是他自由意志能控制的，他也試過各種止鼾用品，也算是有改善誠意的，可是依舊無法控制，那又能怎麼辦呢？」但很多時候暴躁天使會因為太疲倦而頻頻登場：「憑什麼吵得我睡不著，你卻可以一夜好夢！」我會氣到用力推他，希冀換一個角度，也許能夠止住鼾聲，就算換得兩分鐘清靜也好；甚至也曾摀住他的嘴巴、捏住他的鼻子，但是都起不了作用。

無論如何，他就是能夠不間斷地「大鳴大放」。

最後我輾轉難眠，整個人氣鼓鼓的抱著枕頭、棉被，一個人滾到客廳沙發上去睡。我躺在沙發上越想生氣：「我到底為什麼要這麼委屈？告訴你分房睡你不聽，搞得我現在要到客廳睡，這跟分房睡有什麼兩樣？」

沙發自然是不好睡，同時還是能聽到他從房間裡傳來的陣陣音浪，隔天早上，我又早早起來，把棉被、枕頭拿回房間，看到他在房間柔軟大床上睡得香甜，真是氣不打一處來，差點沒把棉被往他頭上悶下去。

再一次，我語重心長的說：「我每天都沒辦法好好休息，精神很差，偏頭痛一直發作，我們晚上真的不能分開睡嗎？我們睡前還是可以聊聊天，抱一抱，然後再分開，這樣也不存在夫妻感情變淡的問題。」他大概是想開玩笑化解緊繃的場面，嘻皮笑臉的說：「沒關係啦！反正以後妳就會習慣了。」我當時因為他的這一句話引爆地雷，生氣地高聲喊道：「憑什麼是我去習慣你？你怎麼不來習慣我！」

終於，我也成了那個精神不濟，脾氣暴躁的女子。

「因為伴侶打呼太大聲想要離婚會不會太誇張？」以前如果有人問我這個問題，我大概會覺得，好像有點過頭了；但我現在會說，一點也不誇張，它是一個再真實不過的理由。

請在婚前就確定是否能承受伴侶的打呼聲，不能承受或這種情況無從改善那可千萬別結婚。因為睡眠的委屈只會使雙方感情積怨日深，真愛不會無敵，無敵真愛仍得建立在睡眠充分又心情愉悅的雙方身上。

可是很快我就明白，這句話是極有道理的——「家庭的第一核心，永遠是經濟而不是感情。」壓垮我們的，不是鼾聲，是錢。

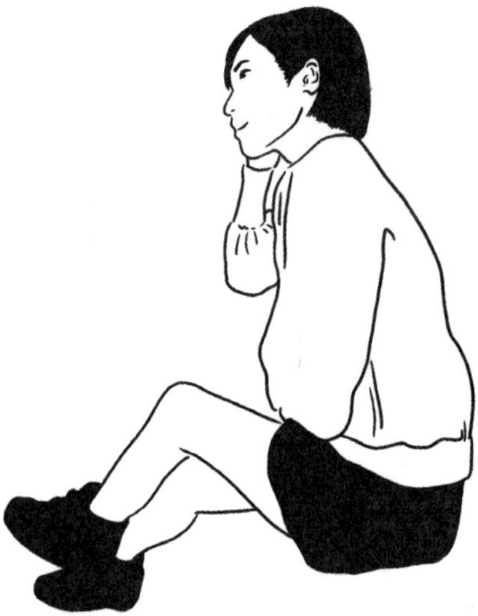

愛自己探索提問

1 我是否曾經在關係中忍耐不適，而沒有勇敢說出自己的需求？

是否因為害怕影響關係，而選擇壓抑自己的痛苦？

2 在婚姻或親密關係中，妥協的界線在哪裡？

有哪些事情可以忍耐，哪些事情影響到基本生活品質，應該積極尋求解決？

3 當我和伴侶出現「需求衝突」時，我是如何溝通的？

例如，當伴侶想要同房睡，但自己受不了鼾聲，應該如何表達需求，才能讓對方理解？

4 我是否曾經過度迎合伴侶，而忽略了自己的健康或心理狀態？

例如，因為不想讓對方難過，而勉強自己忍受長期睡眠不足？

5 在關係中，我是否被「應該這樣做」的社會期待所束縛？

例如，「夫妻不應該分房睡」這種觀念是否影響了我的決定？

6
我是否曾經以為「愛情能克服一切」，而忽略了生活的基本需求？
愛情真的能戰勝「每天睡不飽、脾氣暴躁、健康受損」的現實嗎？

7
當對方沒有重視我的困擾時，我會如何應對？
是否會選擇繼續忍耐、找方法解決，還是與對方談判，尋求改善？

8
我是否曾經為了讓關係更和諧，而一再妥協，最後卻累積了更多委屈？
這些委屈最終如何影響了我的情緒與行為？

9
如果一個問題無法解決，但又無法離開關係，我該如何調整自己的心態？
面對長期影響生活的問題，應該尋找什麼樣的內在或外在資源來應對？

10
「愛自己」對我而言，是否包含「為自己的需求勇敢發聲」？
我是否能做到，在關係中表達自己的困難，而不是一味地牽就對方？

5

壓垮婚姻的，不是鼾聲，是錢

婚後的模式大致是一個人的花銷各自負擔，
不分私用或是公用，不管是報名課程或是採買家用，
只要是自己結帳的，就是個人承擔，兩人都是如此；
但是只要是我們共同出門的花費，
大多時刻都是由他結帳，這形成彼此間的默契，
我們並未積極討論是否需要拿出所謂的「共同家用」。

風暴襲來

不知道一般人在結婚前都是怎麼和伴侶規畫婚後家庭財務分配，我只知道，婚前和他並沒有針對這件事情有任何深入的對話，至今想來仍然很不可思議。

我們並未探討結婚之後家裡的開支應該要怎麼處理，例如是AA制，或是個別提撥一定比例的薪水存入家庭共同帳戶。因為我有一個不自信的信念，覺得既然我有工作賺錢的能力，他也開公司有收入，這樣就沒事吧，如果硬要揪著對方問：你一個月賺多少錢？有沒有什麼投資？接下來婚後生活花費要怎麼規畫等等的問題，好像在探人隱私，對方會不會產生我在覬覦他錢財的不舒適感？畢竟他也不曾問過我一個月賺多少錢，我單方面這樣問好像很奇怪。

以至於即將結婚前，我也只是試探性地問：「那你每個月的收入夠嗎？未來如果有寶寶，你覺得我們都還足以支持嗎？」他只是笑笑說：「沒問題，夠用夠用，妳不用擔心啦。」最終也沒有開口說他實際收入狀況。兩人婚前也不曾討論過個人或原生家庭是否有負債的情況，是否有股票、基金、保險、房地產等特定投資，就在對彼此財務狀況懵懵懂懂的情況下我們結婚了。

婚後的模式大致是──個人的花銷各自負擔，不分私用或是公用，不管是報名課程或是採買家用，只要是自己結帳的，就是個人承擔，兩人都是如此；但是只要是我們共同出門的花費，大多時刻都是由他結帳，這形成彼此間的默契，我們並未積極討論是否需要拿出所謂的「共同家用」。

婚前我大致知道他的公司有一些投資項目，但主要是在做些什麼，並不是很瞭解；婚後他問我是否願意支持其中一些標的，他總是興致勃勃，表示前景可期，我嘗試理解便問他相關資訊，他顯得知無不言，言無不盡，可是說來繞去我大多都沒能聽懂，最清晰傳達的概念就是：這鐵定會賺錢！

可能被他眼中的光亮打動，他是個講話很有渲染力的大夢想家；我自然也有著期待，幻想小夫妻的生活有朝一日會有所不同，於是便拿出近乎全部的積蓄，甚至還被說服進行貸款支持。

永遠記得那是十二月三十一日晚間跨年，我們才剛和一眾人倒數計時迎來新的一年，沒多久他接了一通電話便臉色鐵青，我想知道發生什麼事情，他卻遲遲不願意說，直到一段時間過去，終究沒有辦法繼續隱瞞，他才面色凝重的說先前的投資出了大問題。

接下來的幾個月裡，情況急轉直下，他的手機天天響個不停，債權人輪番催討，問他什麼時候要還錢？他總是告訴對方，再給我一點時間，可以解決的。我不知道有多少債權人，也不知道他究竟背負多少債務，只知道屋漏偏逢連夜雨，很快的，意想不到的事情連環爆。

他在此前向我借了信用卡替一位友人刷下鉅額卡費，起因是友人不方便使用信用卡付款，便詢問他可否協助代刷信用卡並承諾支付現金，他未在事前徵求我同意便答應對方，之後才來央求我幫這位友人刷卡。我自是滿心不願與他人有這麼複雜的金錢往來，可即便很不高興他未經我同意就輕率答應這種事，可我最終還是拗不過他的拜託，選擇顧全他的面子，不希望他在朋友面前成了出爾反爾的人，拿出信用卡，刷下七位數的卡費。

隨著還款日期逼近，我也成了他的債權人之一：「錢收到了嗎？收到要趕緊給我，才能繳卡費。」他只是說：「收到了，對方真的有給，不過卡費截止日還沒到，還有好多天，也不著急還銀行，最後一天再繳也可以。」我始終不明白就差這幾天，他卻堅持不願給錢讓我繳清卡費以安心的理由究竟是什麼，直到信用卡繳費截止日的前一晚，答案終於揭曉。

他頹喪的跪在我面前說：「對不起，我把本該讓妳繳卡費的錢拿去做別的投資了。我想說現在已經欠別人這麼多錢，一定要把握機會賺錢才有辦法把錢還給別人，所以沒有跟妳商量就把那筆錢先挪去投資，想說卡費一個月後才要繳，對方當時說這筆錢一個月內一定會翻倍回收，可是現在一個月過去了，還沒有下文。」

「你總共投了多少錢進去？」我面色如土的問。

「連妳的錢總共五百萬。」他戰戰兢兢地說。

「你不是還欠好多錢，其他的錢哪裡來的？」我幾乎已經氣若游絲。

「我想辦法再跟一些朋友借，湊到對方說的五百萬。」他回道。

這幾個月以來，因他的公司投資出狀況，我們的生活變得一團亂，可我擔心他每天被追錢壓力大，即使內心也滿是擔心，還是打起精神對他說鼓勵和支持的話。即便知道先前投入的個人積蓄恐怕已凶多吉少，同時因他慫恿而去貸款的帳單還是要想辦法持續繳納，家中的基本開銷也得處理，我都不曾說過一句情緒性的話。

可是這一刻我真的再也承受不住！

「你到底是不是傻！五百萬的案子你告訴我一個月會翻倍回本，這麼好賺他為什麼要讓你賺？想辦法去搶、去借、去貸款都會把錢湊足了留給自己賺！你是他什麼人他要把這種機會讓給你賺！

「你希望我去信貸，到現在背債我也是一句話都沒說，因為我相信你說的，對未來有期待，你也可以說我就是有貪念。我自己同意這麼做，你也沒拿刀子逼我，所以我對自己的決定負責任，沒資格怪任何人。

「可我就告訴你我最重視信用，你到底憑什麼沒有經過我的同意就先承諾別人要把我的信用卡拿去刷！我都讓步把信用卡拿出來刷，你又到底憑什麼把別人已經還給我的錢自作主張拿去用！你嫌我現在欠的還不夠嗎！信用卡的循環利息又這麼高，這麼大一筆錢我要怎麼還！連我都沒錢了，這個家要怎麼辦！」我聲嘶力竭，大哭大吼，一邊捶打他。

那一夜我們抱頭痛哭，依然沒有任何解方。

隔天，我翻箱倒櫃把所有能用的錢都翻出來，例如過往公司發的一百元開工紅包，或是玄關盤子上零散的五元、十元硬幣；還把從前出國剩下的一兩張美金、日幣，兩三張泰銖、人民幣找出來，打算拿去銀行換回台幣，只為了多湊一點錢能把卡費的最低應繳金額給繳了。

帶這幾張零散外幣往銀行的路上，我且行且哭；結婚不過一年餘，怎麼經歷的風暴遠比過往所有都要多。

一千元的稻草

漸漸的，水費、電費、瓦斯費、房租開始欠繳；債權人也失去耐心，偶爾會出現在我們住的地方想討個說法。

有一天，他在房裡接了一通電話，和對方談了一陣子，掛上電話隨即換衣服出門。出門前沒頭沒腦的說：「我去買個飲料。」接著兩個小時都沒回來。

我心裡很不安，擔心會不會有不好的事情發生，才要撥電話聯絡的時候，他真的帶著一杯飲料進門。

「你真的只是去買飲料？怎麼買一杯飲料買這麼久？」我擔心他遇到不好的事情不敢跟我說。

「真的啊！你看，飲料在這裡。」他試圖若無其事，眼神卻有點不自在。

「可是你好奇怪，接了一通電話，一掛電話就馬上換衣服出門，還突然說要買飲料，你平常不會這樣的，是不是出了什麼事不敢跟我說？」我鍥而不捨的問。

「好啦！其實我剛剛是出門買大樂透了。因為掛電話的時候突然想到這期大樂透獎金已經累積破億，想說買個兩張，說不定真能中獎，那我們就有錢了。

「結果買好走出彩券行的時候，竟然在門口撿到一千塊，我就拿進去給老闆，跟他說可能是要進他店裡的客人掉的，請他處理。老闆就請我留下來一起確認監視器畫面，結果那個設備很難用，他倒轉半天也沒能發現是誰掉的。最後老闆不想找了，就說既然是我撿到的，他也找不到失主，一千塊就讓我自己留著；如果之後真有人來問，老闆說他會處理。」他說得眉飛色舞。

「一千塊！很多耶！你拾金不昧也超棒的。」雖然我對他將口袋裡所剩無幾的錢拿去買彩券感到十分荒唐，但就事論事，此刻我們一窮二白，他還能不將這筆錢暗中據為己有，這種精神確實可取；再者，在我們灰頭土臉的日子裡，因他的拾金不昧得到嘉許而有了一千塊，那家裡的水費、電費不就有著落了。

「然後我想說那筆錢本來就不屬於我的，就把那一千塊通通拿去買彩券了。」那表情彷彿他做了一個相當明智的決定。

我聽了卻是難以置信，內心氣血翻湧。

「你剛剛出門的時候有沒有看到玄關有水費、電費的過期帳單？我以為好不容易有一千塊，你會想要帶回來拿去繳錢，結果你全都拿去買彩券了？」我的聲音聽起來或許平平淡淡，可是只有自己知道，這張一千塊，是我出走的最後一根稻草。

或許，那不是湖水女神給他的誠實考驗，而是老天爺要送給我的一棍現實，讓我終於認清某些渾沌——我和這位敢於冒險的大夢想家終究有著天差地遠的價值觀。

這些日子以來，我嘗試給過一些建議，大致是請他把這些債權人找來，表達自己此刻的難處：他沒有捲走大家的血汗錢，可是事情因他而起，他願意展現誠意提供未來可執行的補償方案，然後他會持續努力工作，不管花多久時間，都願意負責任的慢慢把錢還上。盡量想辦法取得大家的理解，讓眾人安心，這樣雙方的生活才能安定下來，才有餘裕好好處理後面的事情，而不是像現在每天都被追著跑。

因為債權人們擔心自己的身家再也拿不回來，所以產生很多情緒，覺得一定是他騙走所有的錢，除了不停轟炸他，甚至開始想像我也是共犯。

我開始接到陌生的威脅電話，像是操著凶狠音調的男子說：「再不還錢的話，我們就到妳工作的地方堵妳。」

社群媒體也被匿名帳號轟炸，在我的版上謾罵、叫囂、攻擊，都是「還錢還錢」這一類的話！導致我只要看到手機上Facebook訊息通知的紅色數字短時間內暴增，就會神經緊繃。

我能同理這些債權人很慌亂，因為我踩在同樣的鞋子裡；更複雜的心境是，債務人是我老公，除了再難回來的金錢，還得時刻品嘗這段婚姻是否所託非人的懷疑失落，以及陷入「我是不是又傻又蠢才會結這個婚」的自我攻訐中，現在還要進一步擔憂生命安全遭受威脅。

無奈我的建議都被一一否決，他說：「妳不懂！他們要的就是錢，我趕緊想辦法給他們錢就是了，妳說的那些都沒用。」我覺得好辛苦，好心酸，感受不到還能繼續走下去的可能性，萌生了離婚的念頭。

在這種時候，心裡卻產生另外一個責備的聲音：「雖說夫妻本是同林鳥，大限來時各自飛，可是他落難了妳就想要離開，是不是也太自私！別人知道了，一定說妳是一個現實的女人。」

即便這麼痛苦的時候，我還是被賢良淑德同甘共苦的好妻子框架綁架；即便他對外的債務根本不是我造成的，甚至自己還因此負債累累，生活都要過不下去了，生命安全都有疑慮，依然沒有第一時間正視個人的需求，捍衛想要的平靜生活，竟然還覺得不可以在這個時候拋下他，簡直把自己卑微到塵埃裡。

是這張一千塊讓我終於下定決心。思考了一個晚上，隔天起床，我告訴他：「我需要離開冷靜一段時間。我沒有辦法繼續跟你待在同一個屋簷下，每天聽你接這些催債電話，又看不到任何改變的作為，這種毫無希望的未來，讓我喘不過氣來。我沒有辦法跟你一起過這樣子的生活，我必須離開這個環境，讓自己平靜下來，才有辦法好好釐清下一步。今天開始我就先回爸媽家住。」他沒有說什麼，只是點點頭，那一天開始就展開我們的分居生活。

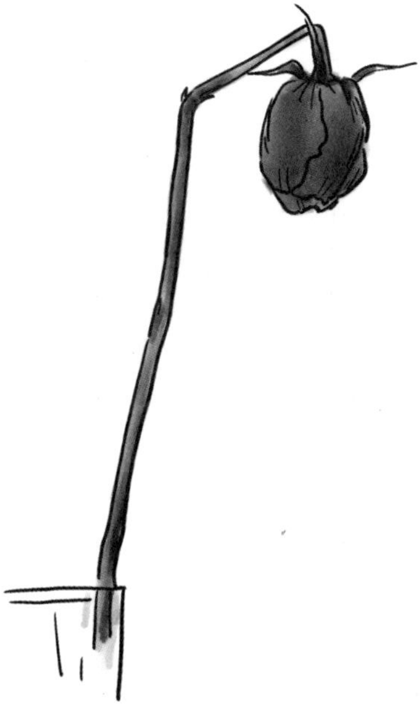

愛自己探索提問

1 婚姻或親密關係中，我是否曾刻意迴避了解財務狀況而選擇單純信任對方？

是否曾因為害怕「問太多」而忽略了自己對財務的掌控權，甚至對伴侶的經濟行為選擇視而不見？

2 在婚姻或親密關係中，經濟獨立對我來說有多重要？

我是否有一筆屬於自己的緊急資金，以防突發狀況？

3 在金錢管理上，我的信任界線在哪裡？

我是否曾經因為愛或信任，而投入超過自己能承擔的財務風險？

4 當我發現伴侶的金錢觀與自己不同時，我是如何應對的？

我是選擇溝通、尋求共識，還是默默接受，直到事情無法挽回？

5 我是否曾因「愛」而犧牲自己的財務安全感？

我是否曾經借錢給伴侶、幫對方還債，卻忽略了自己的未來與經濟穩定？

6 **當關係出現重大問題時，我的第一反應是拯救對方，還是先保護自己？**

是否曾經因為「不忍心丟下對方」，而讓自己陷入更大的困境？

7 **我是否曾被「好妻子應該共患難」的社會期待束縛，而忽略了自己的需求？**

我是否認為「如果我選擇離開，就會被認為是不夠愛、不夠堅持」？

8 **如果沒有外界的眼光與評價，我會做出不同的決定嗎？**

如果不考慮「別人怎麼看」，我會怎麼處理這段關係？

9 **我是否有勇氣面對現實，做出對自己最好的選擇，而不是一味等待或忍耐？**

我是否願意承認，某些關係無法被拯救，最好的選擇是讓自己離開？

10 **「愛自己」是否包含在關係中，堅持自己的價值觀與財務安全？**

我是否能夠做到，在愛別人的同時，也確保自己不會被消耗殆盡？

從理解到療癒

重生與覺醒

PART 2

6

夫妻本是同林鳥，大難來時飛不了

一棵從根源便開始發霉腐爛的樹，
葉子凋零、果實乾癟，很快連樹幹都要萎縮，
如果不趕緊整理，旁邊的植物恐怕也要一起被戕害；
即便名義上的丈夫已經遠離我的日常，
可是如果不從實質法律層面斷開這些連結，
內心就難以有一道清晰的界線，
生活也就無法拿回完整的主控權。

夫債妻要還嗎

分居之前，我也曾經鼓起勇氣提過一次離婚，原因是這些財務的事情已經大大影響了我的日常生活以及精神狀態，但是他拒絕了，他說：「如果連妳都失去了，那我就真的什麼都沒有了。」坦白說，那時多半是試探，即便婚姻生活完全變調，我並沒有堅定要分開，所以他不願意，也就不了了之。

隨著時間流逝，情況越演越烈，開始有人跑到我工作的地方，有些人見面的第一句是：「妳知道妳老公都在外面幹嘛嗎！」有些人則問：「妳知道我是誰嗎？」有些人挺客氣的說：「妳老公欠我們錢。」對於這類行為，我是有些想不透的，為什麼丈夫在外面欠錢會找上他的妻子，有的還流露出「怎麼沒管好妳老公，放任他在外面胡作非為」的態度。一個成年人在外面的行為不是應該自我負責嗎？怎麼會認為妻子應該把丈夫拴在褲頭監管，甚至是丈夫闖禍了，還來找妻子討個說法？我以為這種情節比較合理的出現場景會是：小孩在學校跟同學打架，老師打電話來請家長到校懇談。

他們似乎是知道跟先生要不到錢，轉而找上我；我也一度心生恐懼，後來查了資料後確認，妻子沒有義務負擔丈夫的債務，除非為之作保，才需要負連帶責任，不然便單純屬於丈夫個人行為。

也曾去警局報案，但是得到的說法是：「妳目前沒有受到實質的傷害，也無法提交受威脅的證據，例如錄音、錄影、對話截圖這一類的，所以我們也沒辦法受理。」員警建議我下載一個名為「110視訊報案」的APP，讓我遇到緊急狀況的時候能夠及時使用，警方可以即時看到現場影像提供最合適的處理建議，同時也能迅速鎖定我的位置。

我的勇氣和力量大概是在那個時候大量生長的，畢竟連警察都不會來的場合，我得自行處理；真的遇到情況，員警叮嚀我不管怎樣都不要開門，得先撐住，直到值勤人員到場為止。

雖然每一次遇到這樣子的情況內心都非常緊張，因為債權人通常是兩個男人前來，而我不時是獨身在外的。我明顯的感受到這是一個彼此角力的過程，只要我態度一放軟，他們就知道這是可以拿捏的軟柿子，在她丈夫身上要不到的錢，從這個女人身上可以要到。

在這個過程中，我一次又一次的練習堅定自己的態度，即使心如擂鼓，我依然要義正詞嚴地告訴對方愛莫能助，一來我身上早已沒有錢，二來這並不屬於我的債務，並無義務為他承擔。我從那個心裡面有話不敢說出來，內心有想法不敢發聲的小媳婦，變成堅定原則絕不退讓的強悍女子。為了保護自己，為了不禍及家人，我得更好地去做課題分離，得清晰知道我不需要對別人的錯誤負責任。即便每回送走這些人，都產生一種強撐著打完仗的虛脫感，卻同時為自己今日又多生成一份堅定與勇氣感到驕傲。

眞的要離婚嗎

後來先生離開台灣，說要去外面尋求賺錢還債的機會，這也是找不到他的人紛紛轉而找我的原因之一。

但是關於離婚，我還是多所糾結的：

我真的要離婚嗎？沒有別條路可以選擇嗎？

現在分居的狀態跟單身也差不多，那還有需要離婚嗎？

在這個過程中遇到許多體貼的朋友，他們許是同情我遇人不淑身家盡沒，推薦我借助一些未可知的力量來指路，例如星座、紫微斗數、八字這一類的，我感謝他們的好意，同時表達：「謝謝你推薦厲害的老師給我，可是我現在身上真的沒有錢負擔諮詢費，實在是不好意思。」以前因為在意別人的看法，斷不可能如此坦承自己的脆弱，可是經此一事，我不得不誠實面對自己的有限，並勇敢地展現。

這些好朋友們不約而同地要我盡管去預約時間，不用管費用，他們會處理，對生活有幫助最重要；他們的溫暖，我深深感激。

當時有位紫微斗數的老師說：「妳和先生的命盤顯示，最終就是會離婚。」我很不能接受，甚至問：「這樣的合盤難道不能解讀成別的意思嗎？一定是離婚嗎？」

老師說：「就算如妳所言不離婚，那他現在人不在台灣，從命格看起來恐怕很久都不會回來，請問你們這種狀態，跟離婚有什麼差別呢？」

還有一位擅長占星的老師，並不清楚我遭遇的狀況，只是在看了我和先生的星盤，大惑不解的說：「好奇怪，你們兩個人竟然會走到一起，你們性格根本天差地遠。」接著就一一分析他觀察到的箇中奧祕，還提供了流年建議；直到諮詢時間的最後兩分鐘，他彷彿忍耐已久終於痛下決心地說：「我還是跟妳說好了，從星盤看起來妳之後會離婚。」

「為什麼？確定嗎？」我不死心地想討個說法。

「我看過這麼多星盤，只要顯示這種情況的，一百對裡面有九十九對都是離婚的。」老師比劃了一下星盤中的某些圖示，我沒能看懂，還想著：「有沒有可能我就是那百分之一呢！」

為什麼明明日子過成這樣，對離婚還是有所排斥？一來當時已經分居幾個月，雖然面對負債，生活過得相當拮据，可是先生不在台灣，就有一種反正人離得這麼遠，有沒有離婚也沒什麼差別的錯覺；再者我對成為「失婚女」還是有一種恐懼，覺得這是一個不幸、丟臉、人生不圓滿的壞標籤。

分居已經半年，依然時不時遭到騷擾、威脅，有一回，我收到一封email，內容依然是指控丈夫欠錢不還，同時對我發出威脅警告，要讓我吃不了兜著走這一類的，沒有什麼新意，可是依然糟心，也就是這封信讓我下定決心要處理離婚的事情。

收到信當下的感受是，除了到我工作的地方、電話騷擾，現在連email都不放過嗎？陸續也有工作上的合作對象告訴我，他們先前曾收過騷擾的訊息，內容大致就是對他們放話說我和先生捲走他人錢財卻毫不羞愧地吃香喝辣，我驚訝於這些朋友沒有在第一時間告訴我，反而是後來再見面才隨口提及曾有此事。他們的回應竟然是：「又不是不知道妳的為人，不會相信那些話，反而擔心妳一個人要承擔這些太辛苦，這些短暫的騷擾對我們的生活沒產生什麼影響，幹嘛特地說出來再增加妳的負擔。」對於這些朋友的信任我既感恩又抱歉，他們默默承擔了本不需承受的騷擾，然後還設身處地的為我著想，而我卻還縮在殼裡無法下定決心，畢竟這已經不是一段食之無味棄之可惜的關係，而是一棵從根源便開始發霉腐爛的樹，葉子凋零、果實乾癟，很快連樹幹都要萎縮，如果不趕緊整理，旁邊的植物恐怕也要一起被戕害；即便名義上的丈夫已經遠離我的日常，可是如果不從實質法律層面斷開這些連結，內心就難以有一道清晰的界線，生活也就無法拿回完整的主控權。

每個人都要有個律師朋友

不知道哪聽來的一句話，叫做「每個人都要有個律師朋友」，以前我不懂，在如夢初醒的那一刻便明白，有個信賴的律師朋友真的很重要。我點開手機，聯絡了相識多年的朋友——戴家旭律師，告訴他想要詢問離婚事宜。

家旭律師說律所正在放年假，年後安排時間見一面。

雖然想要平靜生活而決定要有個了斷，但幾天年假中我依然反覆糾結，真的要離婚嗎?真的走不下去了嗎?會不會有什麼奇蹟呢?例如丈夫突然回到台灣，告訴我一切都解決了，被別人拿走的錢都帶回來了，出問題的投資也都處理好了，我們可以一切歸零重新來過，有沒有這個可能呢?如果是這樣我就不去法律諮詢，我願意再試試看。

這個農曆年，就在這樣的幻想中過去，可惜沒有迎來奇蹟，有的不過是債權人們同樣去過年的短暫平靜。

與律師商討離婚事宜的流程大致是這樣的，先安排一次諮詢，律師會大致了解狀況給予相應建議，當事人回去思考這些建議的利弊得失與可行性，並再次確認自己的意願，無論是離婚意願或是委任律師的意願，才會進行下一步。有些律所在這個諮詢階段是免費但限時；有些則會依時酌收費用，或是之後確定委任該名律師處理離婚事宜，則減免首次諮詢費用。無論如何，在去見律師之前就理清自己想說的話，或是列出可能有的疑問，才可以在諮詢的時候快速進入狀況。

和我見面的是家旭律師的妻子，朋友的專業是商業土地方面的訴訟，妻子梁維珊的專業是家事官司，我們原也相識，只是談不上相熟，倒是一見面就見證律師的專業。

一進辦公室，她就俐落的展開丈夫的諸多資料。大概是因為原就相識，同時她也具備高度專業素養，在聽家旭律師大概說過我的情況後，在見面前已經做好準備，蒐集了非常多資訊，樣樣都讓我瞠目結舌，彷彿重新認識自己的丈夫一般。

她進一步確認狀況後並沒有告訴我應該離婚或是不要離婚，只是分析現階段可以有的選擇，像是，暫不離婚，但可以先進行夫妻財產分割，未來分開時也可以保障自身婚內財產。

如果要離婚，需要面對的大致是這樣的情形：雙方同意，也沒有複雜的家庭糾紛要處理，一起到戶政事務所辦理就可以了；若雙方無法達成共識，最終就會走向離婚官司。在提告方提起訴訟後，期間會經過幾次調解，調解不成案件便會進入法院審理，開庭次數依內容複雜程度高而拉長，訴訟時間也會相應延長，最終由法院判決結果，可能離得成，也可能離不成。

我告訴梁律師，此刻的我不僅畢生積蓄被掏空，甚至負債累累，婚前財產都歸零了，更遑論剩餘的婚內財產，所以財產分割這件事情似乎不是很迫切；也因為此，身上根本沒有錢可以聘用律師，而且丈夫離開台灣多時，根本不可能跟我一起到戶政事務所去處理，便詢問如果沒有律師，離婚訴訟是否也可以進行？

她說：「可以，離婚官司沒有一定要找律師。如果經濟實在困難，妳又確定要這麼做，我可以提醒妳要準備哪些資料，可是會比較辛苦，要自己蒐集有利證據，整理資料後寫起訴狀，同時需要花時間去理解一些法律用語，後續遞交資料以及處理往返訊息都靠妳一人處理。

「妳再回去好好想一想吧，不用著急現在回答，最後有什麼決定，打通電話來事務所告訴我就好。」她有力而堅定地看著我。

返家後，我一直回想在律師事務所看到的資料，那讓我見到了不曾認識的丈夫的一面，當時我問這些東西哪來的，她只是表情神祕的說：「為什麼豪門世家結婚前都要先做身家調查，就是怕遇到像妳這樣的情況。」

想起某次一個債權人來找我，他說：「妳老公欠我很多錢，那些錢對我很重要，我到現在還不敢跟家人說，你們可不可以把現在住的房子賣掉然後還我錢，他之前跟我說房子是買妳的名字，拜託妳把房子賣掉好不好。」

「他告訴你我們結婚後住的房子是他付錢，然後買了我的名字？！」我簡直太吃驚。

「不是嗎？不然是買他的名字嗎？」對方追問。

「那是租的，我們住的房子是租的，租約都可以拿給你看。」看著對方絕望的表情，我不明白丈夫為什麼要和對方說這種謊，更諷刺的是那時我們連租金都繳不起。

事後我沒有追問他此事，畢竟比起當時窘迫的經濟與精神壓力，這個謊言似乎也沒有探究的必要。只是和律師見面後再次想起這件事，也不得不承認，那個在生活中對我噓寒問暖、溫柔以待的丈夫，終究因不可察的海平面下的暗黑冰山，使我們的婚姻沉沒。

幾天後，我拿出事務所的名片，一個鍵一個鍵的按下數字。

我從來不知道，說出一句短短的話語是這麼困難，這十來個字像巨石壓在胸口，竟得用盡氣力才能完整說完：「梁律師，我想好了，我決定離婚，再麻煩妳了。」

話音一落，斗大的淚珠斷線般止不住落下，我摀住臉，不想讓對方聽見，也害怕她多問些什麼，因為此刻的我再沒有力氣多說一句。

「好，知道了，我們再約時間討論。」她的乾脆俐落此刻顯得無比體貼。

掛上電話，我趴在桌上嚎啕大哭，在震天哭聲中，我一直在問，為什麼？為什麼這段婚姻最終會走向分離，而這個殘忍的決定甚至還是由我親口說出。

愛自己探索提問

1 我是否曾為了維繫一段關係，無形中承擔了超過自己能力範圍的責任？

是否因為「不想讓對方難堪」、「想幫助對方渡過難關」，結果讓自己陷入經濟壓力，甚至影響心理健康？

2 關係中，我是否因為「愧疚」或「責任感」，而不敢做對自己最好的決定？

當對方說「如果妳離開，我就什麼都沒有了」，這句話是否成為讓我繼續忍耐、無法抽離的關鍵因素？

3 當一段關係已經嚴重影響我的心理健康，我為什麼仍然猶豫該不該離開？

是因為害怕社會標籤（如「失婚女」）、擔心未來會後悔，還是仍抱持著一絲改變的幻想？

4 我是否曾經因為社會框架，而錯誤地認為「女人應該對丈夫的行為負責」？

是否曾因為丈夫的行為，而遭受來自外界的指責，例如：「妳怎麼沒管好他？」這種觀念合理嗎？

5 我是否真正理解「課題分離」的概念，並清楚界定哪些責任屬於我，哪些是不應該承擔的？

在這段婚姻裡，我是否曾經為了對方的錯誤承擔過多責任，甚至背負不屬於我的債務或壓力？

6 我是否因為害怕未知的未來，而選擇留在一段已經讓我痛苦的關係？

我擔心離婚後的經濟壓力、社會觀感，還是害怕自己「再也找不到更好的人生」？

7 我是否曾經為了「等待奇蹟」，而一再延遲做出明知道對自己最好的決定？

我是否曾抱持「也許某天他會改變」、「也許事情會突然好轉」的幻想，而讓自己無法果斷抽離？

8 我是否能夠接受「放棄一段關係，並不代表我失敗」？

我是否能夠理解，選擇離開不是懦弱或逃避，而是為了讓自己重獲自由，擁有重新開始的機會？

9 我是否曾經壓抑自己的聲音，而現在終於願意為自己勇敢一次？

在一段關係中，我是否習慣性地忽略自己的需求？現在，我是否願意為自己的幸福，做出真正符合內心的選擇？

7

離婚後的我，是不是很丟臉

領著簇新的身分證，心中大石落下，
那絕對和只是分居不相見有著截然不同的心境。
法律面上的斷開，是一種和過去決定步入婚姻的徹底告別，
和過往不快截然劃出一道分界線的篤定，
確確實實帶來一種嶄新人生在前方迎接我的踏實與喜悅。

歸零清空

大概因為結婚住處有許多積欠信件未領，管理室聯繫原屋主詢問，於是分居多時後房東撥電話給我，他說這段時間多次聯繫丈夫，一直沒能收到拖欠的租金；曾聽聞先生提到分居一事，也知道他已有段時間不在台灣，房東不求我補上拖欠的房租，只請我協助在時限內將房屋清空並打掃乾淨，好讓屋子能盡速出租給其他人，以彌補損失。

房東雖語多無奈，可是沒有任何惡言，甚至給我鼓勵，我對房東很是感激。在接下來的日子，我每天抽時間回到空無一人的屋子，一點一滴將曾經親手打造的安樂窩，家具物品一件件的拆除、送走或丟棄。

因為沒有多餘的錢，所有事情只能自己來，找了槌子、螺絲起子、鉗子等工具，拆解一些大型層架或家具；再到網路地區社群以極低的價格將當時花了不少錢購入的家具賤賣，條件是買方親自取貨。

常常在夜晚一個人在屋裡等著買方來取貨，偶爾會有點不安，不知來者有沒有可能見獨身女子在空屋而突生歹意，幸而一次次遇到的都是善良之人。他們經常歡天喜地看著嶄新而美麗的陳設說：「這些家具都好新好漂亮，真是幸運有便宜搶到！所以妳是要搬家嗎？怎麼沒打算把家具一起帶走呢？」

「對啊，臨時決定搬家，老公調職出國，暫時不會回台灣，也不方便帶走，就乾脆賣掉。」我撒了謊。從一開始表達有點不自然，可是每個來搬家具的人都問類似的問題，到後來已經可以說得很順暢，只是每說一次，心裡總是苦澀。

「這些家具我很喜歡，以後就拜託你和家人照顧它們了。」送走這些買家的時候，我總是這麼說，因為心中真的有好多不捨。

我記得這一件件家具是怎樣精挑細選來到這裡，它們不是最昂貴的，卻是我真心喜歡，想著它們要在這間屋子裡陪伴我們好久好久，所以總是細心使用，常常擦拭，有時候不小心磕個小凹洞，都心疼半天。

房屋漸漸空了，過程中可能割破手，被高處掉落的東西砸到，搬床、搬書櫃閃到腰，我常常一個人汗流浹背又灰頭土臉的坐在屋子裡流眼淚，收拾好情緒才離開。

伴隨著房屋整理，離婚官司也在持續進行中。清楚自己沒有精神自行處理離婚事宜，也希望這場訴訟能夠一出手就成功，便想辦法借一筆錢，委任律師處理。我知道這是一個正確的決定，因為梁律師的專業，她能夠清晰告訴我應該蒐集哪些資料，所以在整理屋子的過程中知道要留下何種相關證據；偶爾她還插科打諢跟我聊聊家旭律師的趣事，因此訴訟過程並沒有想像的悲傷。伴隨著房屋淨空歸還，我更像經歷一場歸零重生之旅。

嶄新的身分證

大約經過半年，終於得到一紙法院離婚判決書，拿著離婚判決書及判決確定證明書，再帶上相關證件資料，我回到當時登記結婚的戶政事務所辦理離婚登記。

等待叫號時，觀察來者都辦理些什麼業務。眼前男子的背影約莫六十幾歲，來為父親辦理死亡登記，包含資料填寫，戶口名簿的註記更換等，事務所人員的引導十分熟練自然。

「小姐，今天辦理什麼業務呢？」終於輪到我了。

「離婚。」我遞上判決確定證明書與相關資料。

「好的。」事務所人員的音量突然變得很小聲，動作也放得輕緩。

這是一個很特別的觀察，面對死亡，她的態度如常；可是面對離婚，她彷彿害怕驚擾我一般，從更換身分證到遷出戶口等對話，她都小心翼翼甚至帶些張望；比之於面對辦理死亡登記的民眾，她降低音量以盡量不要讓鄰櫃的人聽到的聲量與我對話。

她是不是怕我覺得難過或丟臉，不然怎麼會有這樣的態度轉變？

領著簇新的身分證，心中大石落下，那絕對和只是分居不相見有著截然不同的心境。法律面上的斷開，是一種和過去決定步入婚姻的徹底告別，和過往不快截然劃出一道分界線的篤定，確確實實帶來一種嶄新人生在前方迎接我的踏實與喜悅。

那時我尚未明確意識到，對戶政機關人員態度的疑惑，其實是接下來好長一段時間對自己的質疑——「離婚的我，是不是很丟臉」？

愛自己探索提問

1 人生重大轉折點上，我是否願意接受「歸零」的過程，而不是執著於過去？

是否曾因為不願意放手，而讓自己停滯不前？如果「清空」是讓新生活進來的必要步驟，我願意嘗試嗎？

2 我是否對曾用心選擇、努力建造的事物產生強烈的執著，而難以放下？

無論是物品、關係、身分還是夢想，我是否曾因為不捨而拖延了自己的成長？

3 當我不得不一人面對困難時，我是否有足夠的信心相信自己可以撐過去？

我是否曾經低估自己的能力，以為「沒有某個人，我就無法獨自完成某些事情」？

4 在關係結束後，我是否有勇氣去審視「這段關係教會了我什麼」？

除了痛苦與遺憾，這段經歷是否也帶給我成長、力量與新的領悟？

5 我是否曾因為害怕別人的眼光，而選擇隱藏真相或對自己撒謊？

是否曾在別人面前「編造一個比較好聽的故事」，而非坦然面對自己的處境？這樣做是為了保護自己，還是因為害怕被評價？

6 我是否曾無意識地將「離婚」或「關係結束」視為一種失敗，而非一種新的開始？

我是否受到社會價值觀的影響，認為「結婚代表成功，離婚代表失敗」，而忽略了真正的幸福應該來自內心的安定？

7 我是否有足夠的勇氣去承擔自己的選擇，而不再向過去尋求認同？

我是否還在等待某個人（前任、家人、社會）「理解」或「認可」我的選擇？還是我已經能夠不需要這種認可？

8 我是否曾經因為「社會的眼光」而質疑自己的價值？

是否曾經因為單身、分手或離婚，而懷疑自己「是不是不夠好」？我真的需要用這些標籤來定義自己嗎？

9 我是否能夠為自己創造一個「新的身分」，而不是一直被過去的角色綁住？

當我不再是「某人的妻子」、「某個家的媳婦」，我想要成為怎樣的自己？

10 我是否願意相信，離開不適合的關係，才是真正的愛自己？

是否還抱持著「也許我應該忍耐一下」、「也許問題不是真的那麼大」的想法？如果未來的幸福需要我先學會放手，我願意嗎？

8

家醜不可外揚

永遠記得當時決定要分居時先聯繫了母親，
她語氣如常的說：
「回來吧！無論如何家裡都能給妳一口飯吃，不會讓妳餓到。」
知道自己有個避風港，真的給了我很大的力量。

「我剛剛遇到鄰居，她問我：『妳女兒有寶寶了沒？她也結婚一陣子了，沒有想要懷孕嗎？』」有一天母親回家跟我分享偶遇鄰居的經歷。

「妳直接說『我女兒離婚了』，這樣她以後就不會多問了。」我感受到自己有情緒，可能出自對這些好奇他人私事的八卦鄰居反感，故意講了酸話。

「我幹嘛要跟別人說妳離婚，又不是很熟的人。妳沒聽過『家醜不可外揚』嗎？」母親如此回答。

「所以妳的意思是說，我就是那個『醜』囉！妳女兒離婚讓妳覺得很丟臉是嗎？」一句「家醜不可外揚」彷彿戳到痛處，讓我感到被攻擊，隨即樹立武裝防備，講話音量也提高不少。

「我沒有那個意思，我一點也沒有覺得妳丟臉，妳選擇離婚我當然很支持。剛才那句話的意思只是想表達，自家私密的事情不需要跟外人解釋這麼多，多說多麻煩。我如果說妳離婚了，她追問為什麼離婚，不就得繼續解釋，這對話豈不是一來一往沒完沒了；這事情這麼複雜，我幹嘛跟搞不清楚狀況的人解釋這麼多。」母親試圖好好解釋。

事實上，在婚姻風雨飄搖的這段時間，家人給了我很大的支持。

永遠記得當時決定要分居時先聯繫了母親，她語氣如常的說：「回來吧！無論如何家裡都能給妳一口飯吃，不會讓妳餓到。」知道自己有個避風港，真的給了我很大的力量。

我能夠感受到家人同樣經歷著不同程度的難過與悲傷，一方面憂愁我的婚姻與債務問題；一方面又充滿自責，想著如果當時極力反對這門婚事，是不是就不會發生後面這些糟心的事情。

絕大多數時刻，他們都能保持理性與穩定的情緒，偶爾也有越想越不甘心，為自己女兒感到不值的時候，便說出一些氣惱的話，例如：「我看他從認識妳的時候就打算騙妳的錢！」「妳總說他很照顧妳，我看他對妳好不過都是為了哄妳拿把身上的錢全拿出來！」「妳就是又傻又好騙！」……

聽著聽著，有時候連我都產生懷疑了：「真的是這樣嗎？他從接近我之初就不懷好意？所有的相處都是算計？」

有時候心一橫，想著「千錯萬錯都是別人的錯」真的會簡單很多，例如：他從一開始就不懷好意，就是個徹頭徹尾的大騙子，我就是倒楣遇到渣男，所託非人錯付真心。

隨即我發現，把對方想差勁，不僅不會讓心裡好過，相反的，自我價值只會更加低落，傷口復元得更慢，因為這些否定也是對自己的殘忍。

偶爾心裡自嘲，我又不是什麼身價上億的富家千金，值得對方花這麼大精神如此認真演戲騙財騙色，既然如此，我更願意選擇相信這段時間內在真實感受到的。過去兩人相處過程中，我能感受到他的照顧與呵護，日常的體貼關懷也不容質疑，彼此也願意在生活中花時間交流想法。如果否定這些過往，或貶抑他曾經的付出，不承認生活中細微的感動，難道不是更證明了從始至終我就是不值得被用心對待的人？

「我知道你們是心疼我，只是可不可以別這樣說，這樣的話我聽了很難過。我願意相信我們過去相處時我所感受到的，他造成的傷害和欺騙是真的，可是對我的好也是真的。」走過婚姻，我更加勇於表達自己內心真實的情緒與想法。

即便如此，剛離婚那段時間，我的情緒依然變得非常敏感，起起伏伏不太穩定，我一直沒弄明白其中的緣故，只是一邊觀察自己微妙的心情狀態。例如：如果有一個人說他離婚了，我心裡面想的一定是：「哇！你做了非常不容易的選擇，不管基於什麼理由而離婚，一定都經歷一段糾結才下此決心，我深深祝福你。」可是同樣的事情發生在自己身上，卻不這麼想了。我想的不是單身萬歲，而是——因為離婚而單身，真是一件丟臉的事情啊！如果有人問起，真是難以啟齒。

如果談一場戀愛分手，告訴別人我失戀分手，並不會覺得丟人，相反的，可能還會向別人敞開心扉，聊聊自己過往感情經驗，沒準還能和對方發生共情。但不曉得為什麼換成婚姻，它就變得完全不同；我變得綁手綁腳、動輒得咎，所以在剛離婚那時，腦海裡經常充斥各式各樣的問題，像是：

逢年過節還回去和親戚見面嗎？還是假裝沒離婚，初二出現就好？

如果有曖昧對象，要跟對方說我曾有過一段婚姻，或者不要透露，反正也沒有孩子？

如果不知情的朋友或工作夥伴無意間提到老公的事情，是直接回說「我離婚了」，還是敷衍蒙混過去？

如果有人聊起何時要懷孕的話題，是硬著頭皮聊，還是直接說「我離婚了」？

應該明確讓別人知道我離婚嗎？別人會怎麼看我？同情我？笑話我？還是看不起我？

「不要被不適合的婚姻綁架」、「結婚跟離婚不過是一種生活選擇」、「離開心更寬」……坊間充斥這些正向道理我都懂，也都認同，可是知道跟做到就是兩回事。

此刻為什麼無法接受自己離婚的身分？明明提出的人是我，拿到嶄新身分證時也有如釋重負的輕鬆感，那麼現在這些在意他人眼光、感到羞恥、無價值感的情緒是哪裡來的？所有的問題都沒有答案，現階段光是重新穩定生活、工作與處理債務這些事情，已讓人精疲力竭，可是我知道時間總會帶來不同發現，觀察內在情緒，不否認它們的流動，是暫時能讓自己舒服的方式。

愛自己探索提問

1　我是否曾因為別人的言語，而開始質疑自己的決定？

是否曾因為家人或朋友的看法，而開始懷疑自己離婚是否正確？

2　我是否會因為「害怕別人怎麼看」，而選擇隱藏自己的離婚經歷？

是否曾有過這樣的糾結：「要不要告訴親戚、朋友、曖昧對象？」這種糾結真正來自哪裡？

3　我是否曾因為社會對女性的標籤，而讓自己無法坦然接受「我是離婚的人」這個身分？

是否曾擔心自己會被貼上「離婚女」的標籤，而害怕進入新的社交或關係？這種標籤真的代表我的全部嗎？

4　我是否曾經因為別人對我前伴侶的負面評價，而影響自己對過去的回憶？

是否曾經因為對方的背叛或傷害，而否定過去所有的快樂與美好？這樣的全盤否定，對我的內心帶來什麼影響？

5 在經歷重大變化後，我是否願意誠實面對自己的情緒，而不是壓抑它？

當我感到羞愧、焦慮、困惑時，我是否允許自己去感受這些情緒，而不是強迫自己「應該要正面思考」？

6 我是否因為「想讓自己好過一點」，而刻意扭曲事實，讓對方成為壞人？

是否曾為了讓自己更快走出來，而選擇只記住對方的缺點，卻忘記了曾經的好？這樣的選擇真的讓我好過了嗎？

7 我是否曾經在情緒低潮時，把「離婚的事實」當成對自己價值的否定？

我是否曾有這樣的想法：「我是不是不值得被愛？」、「是不是我不夠好，才會被拋棄？」這些想法是客觀事實，還是內心的自我懷疑？

8 如果我身邊有一位朋友剛離婚，我會如何安慰她？那麼，為什麼我不能用同樣的溫柔對待自己？

如果我的朋友離婚，我會怎麼告訴她？「妳沒有錯，妳值得幸福，妳勇敢做出了選擇」——為什麼這些話，我卻不願意對自己說？

9

連祖先都拋棄我了嗎

從結婚以至於離婚，
那些當時難以言喻的奇異的、
不舒適的感覺我似乎是抓到點線索了—這些過往累積至今的
民間習俗或活動是多麼深刻的影響著女性對自我的認知，
也影響著社會對女性的看法。

訃聞上的孝媳

我曾經想過，若真的順利離婚，應該要如何告知公公婆婆，我們接下來的關係又要如何處理？因為婚齡不長，加上沒有同住在一起，實際上曾經接觸過的機會並不多，情感積蓄上沒有得時間紅利太多的加持，然而我還是惦念著他們對我的疼惜。

對於訴訟離婚一事我事前並未告知，我認為和先生的婚姻能否存續，雙方家人並不是主要的影響關鍵，因此我在採用訴訟離婚直到結果確定前都未對夫家任何人提起，直到判決確定，也到了我必須告知的時刻。

收到法院判決書的時候，我拍了一張判決書內容私訊給先生，嚴格來說法律已經讓他變成前夫，也同步傳到夫家的家庭群組，留言到：「經過法院的判決，現在已經裁定離婚，感謝大家過去的照顧，爸爸、媽媽也要好好保重身體，我就先退出家庭群組了，謝謝你們。」發表完小小一段感謝之後，在群裡等待了一會，想看看公婆或先生的家人們可能會有的反應；也許是消息過於震撼，沒人能說出什麼漂亮的場面話，群裡只有已讀數字的增加，但一片寂靜。我按下退出群組，完成了告別與感謝，看起來彷彿不太正式，卻已經是當時心力交瘁的我能做到最體貼的周到。

好久以後的某一天，婆婆突然打電話給我，她告訴我公公過世了。我有些驚訝，既驚訝於公公突然離世，也不解她為何突然打電話告訴我這件事。我詢問公公過世的原因，也問婆婆是否有通知兒子，也就是前夫，我原以為她是因為聯絡不上兒子，才致電想請我幫忙；然而婆婆說已經聯絡了，但是他不方便回台灣奔喪，並且告訴我，她打電話來，其實是想要說，她打算把我的名字以媳婦的身分列在訃聞上頭。

我太吃驚了，告訴她說：「媽媽，我們已經離婚了，所以我不能算是媳婦，我的名字不適合出現在訃聞上。」沒想到婆婆說：「我不管！是我兒子對不起妳，你們沒有這個緣分。但是在妳改嫁以前，我心裡永遠都會把妳當作媳婦，所以我會把妳的名字放在訃聞上面。」

我們彷彿在兩個平行時空對話，我告訴她的是法律意義上面的結果，她跟我訴諸的是情感面上的身分，兩人的認知根本不在一個頻率上。我想，她面臨丈夫過世，兒子不在台灣，想必也是十分傷心，一時之間竟然不知道要如何與她溝通出一個結論，只好不置可否先結束對話，再私訊給前夫的其他家人，請他們幫忙處理訃聞的事情，不要將我的名字列在上頭，畢竟告別式法會誦經的時候一直在孝媳的位置被唱名，可是媳婦早就不是媳婦，那真是怎麼想怎麼不對勁啊！

辭祖

為了這件事情，我特意上網搜尋，發現有相同經驗的人竟然還不少，只是情況各不相同。有的是已經離婚，在沒有被告知下，名字就被寫在訃聞上面，之後輾轉得知因而氣結；有的是雖然離婚，過往和夫家親戚感情極好，也願意送往生長輩一程，對方家裡提出將其列名在訃聞的媳婦欄位，她覺得不過打一個名字上去就可遂過往夫家心願，便慨然應允，但是自家長輩卻大力反對，在不知道該如何兩全的情況下便上網提問。

總之網上提問與熱心網友回應五花八門，我對其中一條印象深刻，上頭大致是這麼說的：「如果離婚後進行了『辭祖』儀式，那就不能把名字寫在上頭；如果還沒有『辭祖』，祖先會認定此女子依然是這個家族的一員，所以即便法律上離婚，寫在訃聞上也是沒有問題的。」

我整理了一下網路上「辭祖」的資訊，大致是這樣的——結婚時女方曾祭祀男方家祖先，告知：「我是你們家的人了，未來請多多照顧」，祖先便將此女列入「管區」，共享因緣業力；現在既已離婚，就必須進行辭別流程，告訴男方家祖先，雙方一別兩寬，男婚女嫁各不相干。如若沒有這麼做，未來女方在找尋幸福的時候，男方祖先會認為妳還是我們家的媳婦，怎麼可以去跟別人在一起！就會多所阻礙，女方姻緣便會不順，甚至有的說法是會危及健康，特別是容易罹患婦科疾病。

無巧不巧，一位女性友人離婚好一段時間，再遇一段新感情悄然萌芽，正好聽聞這個習俗，希望自己和新對象未來能順遂，便約我一起去辭祖。

她非常有行動力的告訴我已經就近選定好一廟宇，我們帶上簡易的供品便出發。廟裡分工相當細緻，先抽號碼牌，叫到號時只需要告訴窗口服務人員要進行辭祖，並提供相關資料，像是姓名、生辰、祖先祠堂所在地址，服務人員就能夠代寫疏文，並轉交由專業人士代稟神明，請神明轉達前夫祖先，我和友人只需要站在那兒持香聆聽，誦讀完畢後燒化辭祖疏文與金紙，儀式便算完成。

當時我們在廟裡，不約而同遇到的困境就是——都不知道對方祖先所在的地址在哪兒。兩人在廟裡大眼瞪小眼：「現在是要去問斷聯已久的前夫嗎？」最終我們懷著破釜沉舟的態度拿出手機：「來吧！發訊息問。」我們分別打開通訊軟體，傳訊給許久不見的前夫，告知現正在廟裡進行辭祖，需要索取一些資料；同時解釋辭祖大致是一個民俗上斷開過往的概念，絕對不是要傷害他家族的奇怪儀式。

也許是神明有保佑，我們都得到了非常明快且清楚的回應。即便開口的時候覺得頗傷感情，因為這就如同除了法院判決外，我再一次告訴對方，今天我又來加碼跟你斷開無形的連結，彷彿經此決絕再無餘地。拿到了地址，我回了一句「謝謝」，雙方便再無一語。

一定有什麼地方出錯了

「辭祖」一事從開始到結束並不複雜，但是整個過程都讓我思考，這當中一定有什麼地方出錯了。

結婚前我曾經問過長輩：「結了婚以後，我還能拜自家祖先嗎？」長輩的回應是：「結婚以後就是男方家的人，是男方家的祖先保佑妳，拜那邊的祖先才對。」

我又問：「所以結婚以後我的名字就會從家族祠堂裡移走嗎？我記得小時候曾看過一眼祠堂裡收藏的一塊木板，上面端正書法的字跡除了有已過世祖輩的姓名，也記錄了後代子孫的名字。」長輩笑著說：「妳的名字從來沒在上面，哪來的移走。妳不知道上面只有男生的名字嗎？」

當我在網路搜尋「辭祖」資訊時，看到「大甲鎮瀾宮」商城上，販售新台幣一千八百元線上代辦「離緣辭祖」的品項，上頭寫著：

多數女性離婚都不知道要辭祖，事後也不方便再回前夫家，辭祖是對夫家祖先的一種禮貌與尊重。當初嫁娶時，夫家的歷代祖靈會將媳婦納入保護與管理，共同承受夫家的福蔭與因緣果報。離婚時，女性如果沒有透過「辭祖」動作來向祖先稟報，夫家祖先依然會認定此女為我家的媳婦，造成女性之後會受到夫家祖靈干擾，出現感情不和睦、事業不順、身體不適、財運不佳等各種事件，都有可能是忘記辭祖的緣故。1

從結婚以至於離婚，那些當時難以言喻的奇異的、不舒適的感覺我似乎是抓到點線索了——這些過往累積至今的民間習俗或活動是多麼深刻的影響著女性對自我的認知，也影響著社會對女性的看法。

像是鬧婚對女性的羞辱，晉人葛洪的《抱朴子》一書便曾提到一段極為寫實的場景。

文中描述，當時民間有戲弄新娘情況，人們會在大庭廣眾與親屬面前，以醜惡粗野或輕慢汙穢的言語對新娘發問，並要求回答。有的時候還會鞭打新娘，更甚者會捆其腳將之倒懸，以致受傷流血甚至折斷四肢；這樣的情況在民間由來已久，大家竟也習以為常，未被嚴肅的糾正斥責[2]。

我曾經和一位男性友人分享自己經歷過的鬧婚事件，詢問他的看法，他字斟句酌地說：「老實說，單純以男性角度來看說，妳的遭遇感覺上不是一件很嚴重的事，因為一般人想像很離譜的情況，大概是新娘衣服被扒掉，或是賓客對新娘上下其手；我猜想大多數的男生想的可能差不多是這樣，所以你前夫才會覺得沒什麼。可是我得說，我是不會讓我的婚禮發生這種事情的。」友人大概怕我代表眾多女性將他就地正法，趕緊補上最後一句。

我所遭遇的情況，比起葛洪描述的流血傷害，確實無法相提並論，然而這樣的陋習究

---

1 文字來源「大甲鎮瀾宮唯一指定官方商城」：https://www.mazubuybuy.com.tw/products/divorce?gclid=Cj0KCQjwo8S3BhDeARIsAFRmkOP-su4_GnAmCmudXA_qpXkxCg_BCX2WYBlDow2JZMdVnsNqOrzGSDcaAqiPEALw_wcB

2 《抱朴子．卷二十五疾謬》：「俗間有戲婦之法，於稠眾之中，親屬之前，問以醜言，責以慢對，其為鄙黷，不可忍論。或蹙以楚撻，或系腳倒懸。酒客酗醬，不知限齊，至使有傷於流血，口止委折支體者，可歎者也。……然民間行之日久，莫覺其非。」

其根本是女性不被當成完整的個體，出嫁後附屬丈夫，所以被他人任意糟蹋還選擇忍耐；甚至個人主體意識也被徹底馴化，選擇顧及丈夫臉面或夫家體面，做一個識大體的好太太、好媳婦。

結婚時進男方家門要踩瓦片、跨火爐，是為了讓新婦將煞氣留在外；同時「碎瓦」才能「弄璋」；再請個男孩在新人床「翻鋪」，這位孩子最好還是屬龍的，都是一種生下男丁好傳宗接代的期許。

女性婚後辭別原生家庭，從此她的「祖」就是丈夫家的祖先；可是沒有結婚時，她也未曾列名在原生家庭的祠堂裡；若不是透過婚姻進入夫家的祠堂與族譜，豈不是生前與死後靈魂都無處可依。

好不容易下定決心要離開一段婚姻，承受從此靈魂無處安放的習俗打擊，接著還要承擔「女性之後會受到夫家祖靈干擾，出現感情不和睦、事業不順、身體不適、財運不佳等各種事件[3]」的精神恐嚇。

從進入婚姻到離開婚姻，把女性「他者化[4]」的習俗與文化互動，彷彿在在告訴女性，妳「不潔帶煞」、「妳出嫁後就是外人」、「妳要懷孕生男傳宗接代」。女性成了一個不斷被轉移，或從父或從夫或從子，從來不屬於自己的存在。

我逐漸意識到，原來在接受教育與知識過程中，我並沒有認真思考過這些根深柢固文化時至今日的正當與合理性，甚至深陷其中，受到這股集體力量的牽制。這段婚姻之路開啟我思索女性在千百年來如何點點滴滴的喪失自主權，同時失去得不知不覺。

於是我明白民俗的觀念有其框架限制，萬不可被這樣的限制性信念阻礙或產生自我懷疑，我決定賦予「辭祖」自己的定義——這是一個道謝、道別的儀式。謝謝所有神明、祖靈的照顧，祂們從來不會在緣分的終點對誰施予責罰，我自然也不需要因為這段婚姻無法長久而自責或糾結；心情愉快，對健康本就有正面提升效果；人光彩敞亮了，新的緣分水到渠成便會來到身旁。

突破這一層框架後，我的內心變得既堅韌也柔軟。

---

3 同註1。

4 他者化（Othering）：以自我群體當作中心與標準，進一步定義另外一個群體為次等或對照群體的化約性行動。社會互動中經常把不符合主流社會群體常規的人排除或視為異常。

愛自己探索提問

1 在婚姻或親密關係中，我是否曾經感到「自己的身分不再由自己定義」？

是否曾經有過「某某人的太太」、「某某家的媳婦」，但不再只是「我」的感覺？這種身分變化對我的心理狀態產生了什麼影響？

2 在離婚後，我是否曾經迷失，甚至不確定「我是誰」？

我是否害怕被標籤為「離婚的女人」，而影響了對自己的認同？

3 我是否曾因「顧及他人感受」而忽略自己的需求？

是否曾因為害怕「讓對方難過」，而違背自己的真實想法？

4 我是否曾經因為傳統習俗，而質疑自己的價值？

是否曾擔心「離婚會讓祖先不保佑我」、「未婚和離婚女性身後不能入祖先牌位」？這些信念對我的心理造成了什麼影響？

5 我是否曾經無意識地接受了「女性應該依附男性」的觀念？

婚前要跟隨父親、婚後要跟隨丈夫、離婚後甚至還需要「辭祖」，這種習俗是否影響我對自己的看法？是否覺得自己「應該被某個家庭認可」，而忽略自己的主體性？

6 我是否曾經因為習俗或家庭壓力，而做出違背自己內心的決定？

是否曾有過「其實我不想做這件事，但大家都說應該這樣」的時刻？這些決定後來帶給我什麼感受？

7 我是否能夠賦予傳統習俗新的意義，而不是被它們束縛？

是否可以將「辭祖」視為一種道謝與道別，而不是「切斷關係」？是否可以選擇用自己的方式來詮釋這些文化？

8 我是否曾經害怕「改變自己的想法」，因為擔心會和過去的自己矛盾？

過去的我可能接受了一些傳統觀念，但現在開始質疑這些觀念，這種改變讓我感到不安嗎？我能夠允許自己有新的理解，而不覺得自己「以前的想法是錯的」？

9 在文化與個人自由之間，我該如何找到平衡？

我是否能夠尊重傳統，但不讓它決定我的人生？我是否能夠找到一種方式，既讓自己安心，也不違背自己的信念？

10 如果我的女兒（或未來的女性後輩）遇到相同的情境，我希望她怎麼做？

我希望她盲目遵循傳統，還是勇敢做自己？如果是後者，我該如何成為榜樣，讓她知道她可以選擇自己的道路？

10

做點什麼讓自己好起來

沒有過去那些閱讀、參與內在成長課程的積累，
我將不會明白何謂自我覺察，
內在也不會復原得那麼穩健。

從婚姻爆發危機開始，便有意識地改變自己的生活型態。當時的我被債務壓得喘不過氣，又每天聽到丈夫的催債電話，那種絕望沒有盡頭的日子，如果不試著短暫離開，有一天勢必會窒息。

英國哲學家羅素曾說：「克服死亡的最佳方法，是逐漸讓你的興趣變得更加廣泛和非個人化，直到自我的高牆一點一點退去，你的生命越來越融入於全宇宙的生命之中。」我覺得把「死亡」二字抽換掉，這句話同樣適用於克服婚姻顛簸的我。

因為多年來一直埋首工作，生活圈單一；或許正是因此，當時前夫的熱烈追求給亟欲改變生活型態的我看到一線曙光。我後來發現，很多人跟當時的我一樣，特別是女性——生活一成不變的時候，就試圖用結婚來改變；結婚後發現日子並沒有因此變得有趣，甚至可能因為柴米油鹽醬醋茶而引發危機，於是想要生個孩子來打破僵局；日復一日想透過外部的人事物來改變，但是不曾停下來問問自己此時此刻需要什麼，於是落入某種迴圈，一種被外界牽著走，過著看似忙碌充實的生活，內在卻依舊空虛失落。

於是那時候，雖然每天都煩惱錢的事情，還是嘗試找點不花錢的事情來做。我選擇自組讀書會，也參加讀書會，希望透過閱讀認識同頻的朋友；那時並不知道，這個決定拯救了後來的自己。

因為舉辦讀書會，便加入台灣最大的讀書會社群「書粉聯盟」，趕上了直播新興的時刻，他們希望透過直播說書傳遞善知識，便詢問我是否有意願加入這個行列，每週分享一本書。記得當時書粉聯盟創辦人Hank大叔說：「答應了就要做到，每星期有一天固定時段直播，不可以隨意延誤或停播喔。」每星期讀完一本書，在腦中吸收整理後，進行一場大約一小時的直播，這還真不是一件輕鬆的事情，可是為了讓自己的生活變得充實，就投入了這個無償的直播活動中。說是無償也不盡然，因為眾多出版社支持，我得以挑選有興趣的新書分享；也因為每星期的直播，以及愛好閱讀的人們不定時聚會，認識很多同道中人，有的至今仍是好友，有的成為後來工作上並肩的盟友。我的朋友圈自此完全更新，彷彿為日後離婚的人生預做準備。

離婚一事塵埃落定後，好一段時間內心感到低落，甚至是自卑，我並不清楚原因，只覺得心裡彷彿缺失了一角——也許是出於沒能經營好一段婚姻而挫折；也許是曾經下定決心進入一種嶄新生活模式卻終究落空；可能也包含讓家人朋友擔憂與傷心的歉疚。這都是過去不曾經驗過的感受，於是不斷問自己：「此刻我還能做些什麼，才能讓自己好起來呢？」

我決定重拾「熱情測試協導師」的身分，開始舉辦工作坊。一來對當時拮据的我來說，開設熱情測試工作坊是一個拓展收入的管道；二來我是真的很喜歡這套體系帶來的幫助。

熱情測試是我在補教界工作多年後，每天流連於高鐵、台鐵奔赴各大城市教學，一度對自己的人生感到迷茫時接觸的一門課程。這是由《紐約時報》暢銷書作家珍妮特．艾特伍德（Janet Attwood）設計的一套「生命熱情測試系統」[5]，三十多年來，這套系統影響了全球成千上萬人，幫助人們找到生命中的前五大熱情，活出理想人生。

當時投身這個領域，純粹是因為工作多年後內心不時興起「我是誰？我在哪？要往哪裡去？」的疑惑，因緣際會聽聞珍妮特即將開班授課，因為急於找到自己的定位，便報名課程，買了張機票，飛出台灣去學習。原意只是想突破生命迷茫的狀態，沒想到卻獲得認證協導師的身分，也就是說我不僅習得這套系統，也可以開始使用它協助人們找到生命熱情。

離婚後的不自信曾經讓我想著：「妳把自己的婚姻生活搞成這樣，有什麼資格去協

5 可參閱《喚醒原動力的熱情測試：指引你活出使命、校準人生軌跡的高頻情緒》，作者：珍妮特．艾特伍德、克里斯．艾特伍德，2024/07/25采實文化出版。

助別人找生命熱情？妳好意思嗎？」另一方面，我又清楚地意識到：「天啊！這不是網路酸民最常說的話嗎——都離婚了憑什麼來分享感情觀？都還沒財富自由憑什麼來教理財課？」原來不用別人攻擊我，我已經這麼會攻擊自己！是時候該停止這些無意義的自我貶低與攻訐。甚至應該反過來想，跌過跤、摔過坑，還能透過自省歸納經驗後倖存下來的，才是真正的勇者。

有句話一直縈繞心底：「我們在安然無事中學習，在風暴時才會想起。[6]」這句話來自《我可能錯了》一書。作者比約恩在出家多年後選擇還俗，由於無法適應離開寺院後的生活而罹患憂鬱症，他在極為痛苦的狀態中嘗試用過去出家時學習的呼吸、冥想、自我覺察等方式熬過這段艱難的時期，穿越憂鬱症的幽谷。

回想起來，若不是過去點點滴滴的學習經歷，我依舊只會自我內耗，而不是在這種：一會兒自我攻擊，一會兒還想起要自我鼓勵的過程中小步往前。沒有過去那些閱讀、參與內在成長課程的積累，我將不會明白何謂自我覺察，內在也不會復原得那麼穩健。

我依然開辦熱情測試工作坊，選擇不要聽信內在小聲音的攻擊，即使有時候它聽起來那麼真實。同時在一次次學員的互動與充滿肯定的反饋中，更好的提升了自信，更確信自己的價值。千萬不要誤會這是一個自我感覺良好的催眠，我反而認為這是一個良性的正向循環。不自信的時候，更應該盤點此刻能貢獻的能力，同時去行動！發揮這個優勢或專長，贏得他人真心的讚美；甚至有意識的選擇與懂得看見你的光芒，並且不吝惜真心給予肯定的人在一起，從而更加篤定自己的確活在愛中，明白自己在這個世界有著不可或缺的價值，這個深刻的信念，將是帶著自己脫離泥淖的重要力量。

我在結金剛輪手印時的唱誦、冥想中感到平靜；在零極限的清理中，感覺內在力量宛若涓涓細流回歸。那些過去看不到的優點，無法給予自己的肯定，都在這些練習中慢慢浮現；被框架教條綑綁的念頭，也一點一點掙脫。

事情發生的頭一兩年，當朋友告訴我：「他就是存心騙妳的錢、不安好心，所以妳今天才會這麼淒慘。」我都快要信以為真，進入自憐自怨模式。前夫的債主不停在我的社交平台上宣洩不平之氣的洗板式留言：「妳憑什麼當老師，妳這個滿嘴仁義道德欠錢不還的人，妳給我還錢！」我感覺滿心委曲的時刻。一如拜倫．凱蒂《一念之轉》7書中所言：

---

6 《我可能錯了：森林智者的最後一堂人生課》第140頁，作者：比約恩．納提科．林德布勞、卡洛琳．班克勒、納維德．莫迪里，2023/02/01先覺出版。

7 《一念之轉：四句話改變你的人生》，作者：拜倫．凱蒂、史蒂芬．米切爾，2007/06/01心靈平安基金會出版。

「每個故事都是同一個主題的變調曲：這件事不該發生，怎麼會是我碰到這件事，上天不仁，人生不公。[8]」然而，真正困擾我們的，不是發在我們身上的事情，而是我們對那件事的想法。那些內在產生的不舒服感受，都在提醒我正執著於某個想法，每當這種時刻，我就會使用「轉念作業」來幫助自己。

轉念作業中的「四句問話」和「反向思考」能幫助我更好的分辨「故事」和「真相」：

那是真的嗎？

你能百分之百肯定那是真的嗎？

當你持有那個想法的時，你會如何反應呢？

沒有那個想法時，你會是怎樣的人呢？

接下去，請反向思考。[9]

當我進行反向思考並仔細尋找支持的證據時，發現許多事情其實與我想像的並不一樣，我願意為自己的選擇負起完全的責任，這比怪罪他人更有力道。我承認，真正的問題在於自己。我對自己的內在需求不夠誠實，因為害怕衝突，也擔心不支持丈夫的決定看起來不像個賢妻良母，導致沒有勇敢地說：「我不想兩個人之間有這麼複雜的金錢糾葛。」

認清並承認問題出在自己身上時，反而更快地痊癒；因為知道問題出在自己，就能從自己身上著手去改變。

後來，我學習了超覺靜坐（Transcendental Meditation），練習過程中帶來的意識提升，讓我感受更多的內在平靜。有一次，一行人隨老師到山中進行短暫的靜修課程，正值颱風即將離境，出發前我詢問老師此次活動是否繼續？她說：「沒問題的，其實颱風只是自然對地球的一次清洗。」雖然只是短短的一句回應，我卻深受啟發，心想，這段日子遭遇的風暴也是對生命的洗禮吧！

站在山間飯店的陽台上，看著被雨水潤澤的遠山，嗅聞和著濕氣的泥土氣息，風聲搖曳濕潤的葉片，帶來浪潮般沙沙作響的樂曲，我能感覺自己與大自然溶融在一塊，彷彿能感受到它們，甚至聆聽到聲音，它們用一種喜悅且溫暖的「聲音」說：「嘿！歡迎妳，謝謝妳來到這裡，我們都愛妳。」那一刻，我的眼淚奪眶而出，內心湧動很多的愛，感覺到自然力量溫暖的包圍。

8 同上註，第47頁。
9 同上註，第50-51頁。

走進自然，關掉手機，止語，清淡飲食，讓身體、心靈都安靜下來，如此，會有足夠的時間獨處，將能更好的觀照一切；這也是一個讓自己復原的方式之一。

接納生命中的風暴，並透過內在的轉化，真正地重建自己。每個人需要的時間或許不同，但關鍵在於誠實面對自己，從過去的經歷中汲取教訓，而不是用更多的人際交流逃避內在叩問；或用購物、美食、工作短暫麻痺感官。當我們能夠勇敢問自己：「我該承擔什麼責任？我是否犯了某些錯誤？」同時找到適合自己的方式漸進調整，就能一步步地走向真正的療癒與自由。

愛自己探索提問

1 我是否習慣用外在的事物填補內在的空虛？

是否試圖透過戀愛、結婚、生小孩、購物、飲食、工作等來轉移注意力，而不是直接面對自己的情緒和需求？若不透過外界來改變，是否願意探索內在，看看自己真正需要什麼？

2 在困難時刻，我是否有一個「支持自己的清單」？

當我低落時，有哪些具體的行動能幫助我好起來？（如運動、閱讀、冥想、寫作、旅行、學習新事物、與值得信賴的人對話）是否曾經發現某些活動讓我有療癒感？我要怎麼安排時間讓這些活動更頻繁地出現在生活中？

3 我是否能真正接納自己曾經犯的錯誤，而不再責備自己？

面對過去的決定（如進入一段錯誤的關係），我是否還在批評自己？我能不能告訴自己：「我做了當時認為最好的選擇，現在的我已經更有智慧。」？如何從這些經歷中學習，而不是讓它們變成我無法前進的障礙？

4 我是否願意調整自己的朋友圈，與真正支持我的人同行？

現在的朋友圈是否讓我感到正向、充滿力量？還是讓我感覺被消耗、被評判？

我是否願意主動去接觸新的環境，例如讀書會、成長社群、興趣小組，來結識志同道合的人？

5 我是否常常讓「內在批評聲音」打擊自己？

當內心開始說「你不夠好」、「你沒有資格」、「你不值得」時，我是否能夠覺察這些聲音，並溫柔地對自己說「這不是真的」？如果這種批評是對我最好的朋友說的，我會怎麼回應他？我是否願意用同樣的溫柔對待自己？

6 當別人對我有負面的評價時，我會怎麼反應？

是否會被輕易影響，開始質疑自己？是否能分辨「別人說的」和「我自己的真實感受」？我能不能問自己：「這是事實嗎？還是只是別人的看法？」

7 我是否願意培養讓自己內在平靜的習慣？

我是否曾經嘗試過冥想、靜心、瑜珈、呼吸練習等能夠安定內心的活動？我願意每天給自己五至十分鐘的安靜時間，好好與自己相處嗎？

8 我是否能夠相信：「現在的風暴，是為了帶我去更好的地方」？

我是否願意把現在的困難，當作人生的一次「進化」？當風暴過去，我希望成為怎樣的自己？我願意每天做一點點改變，讓自己往這個方向前進嗎？

從選擇到共識

愛的重塑

PART 3

11

分手的99個理由

我們希望讓男性明白，
他們不必強裝堅強，也可以表達自己的脆弱；
女性也不應侷限於傳統家庭角色，應該肯定自己的價值。
我們希望藉由節目傳遞平等與相互理解的觀念。

有一天，我受邀參加一個名為《粉紅地獄辛辣麵》的Podcast節目，這個節目專門採訪各行各業有趣的職業者。那次訪談我是以「熱情測試協導師」的身分進行錄音，但如同節目名稱所暗示，主持人希望挖掘來賓一些特別辛辣的故事。

訪談前，主持人品希致電和我溝通錄音當天的訪談方向。意外地，我們聊到感情和婚姻的話題。我提到自己離婚的經歷，在她好奇追問下，我娓娓道來，她聽了後感慨地說：「天啊，這個故事太有意義了！如果妳願意在節目中分享，一定能帶給聽眾很多啟發。」聽到這樣的請求，我猶豫了很久，當時我告訴她：「再讓我想想吧！我可能還沒準備好。」

那時，只有親近的朋友知道我離婚的細節，我不曾想過要在公開場合談論這段經歷，更何況它會被錄下來、播放出去。為了「要不要講」，這個念頭就讓我輾轉難眠，失眠一整晚。

隔天，我忐忑地走進錄音室，依然糾結是否該談論這段婚姻故事。最終，在兩位主持人的引導下，還是鼓起勇氣分享自己婚姻中的種種經歷。過程中，兩位主持人聽著也紅了眼眶，我也禁不住流下了眼淚，我們還不時停下來擦眼淚擤鼻涕。錄音完成後，三人已經回復平靜，還相互開起玩笑。另一位主持人Vito大叔對我說：「謝謝妳願意分享自己的婚姻故事，這給了我很多啟發，實不相瞞，其實我也快要離婚了。」聽到這句話，我並未驚訝，甚至當作成人世界的體貼客套互動，為的是讓我放鬆心情，不要覺得離婚有什麼不好意思，誰的婚姻不是千瘡百孔；所以我還開玩笑地回應：「如果需要，可以介紹我的離婚律師給你哦！她真的超棒！」殊不知，他當時說的是真的。

Vito大叔當時正面臨婚姻危機，妻子向他提出分開的請求，他一直不明白，自己到底做錯了什麼，以致妻子想離婚。內心的不理解、不甘願，讓他十分糾結，覺得只要不跟妻子繼續談論這個話題，離婚一事終究會無疾而終，兩個人的婚姻就能繼續下去；即便他明明感受到妻子越來越不快樂，兩個人的相處也越來越緊繃。

後來我才知道，那天我說的一句話打動了他。那時我說：「誰結婚的當下是奔著離婚而去？誰不是想著要有一段美滿的婚姻。這個人可以不必是一百分，因為我也不是一百分；兩個七十分的人在一起，相處起來至少也是七十分；可是如果對方把自己活成二十分，還拖垮我生命狀態的平均值，讓我不再快樂，甚至活得辛苦又悲傷，那這段婚姻為什麼要繼續下去？我當然有權利追求生命的平靜與快樂，我得要對自己的人生負責任。」

Vito大叔說，訪談當天的這一段話讓他有了反省，也許自己就是讓妻子不快樂的原因，沒有他、沒有婚姻束縛的日子，妻子會更快樂，至少日子會過得更加輕盈，那他何苦不放手？也許成全對方想要的，也是一種愛吧！

那一天以後，他開始嘗試著與妻子好好討論離婚這件事。一晃眼，又是幾個月過去，隨著Vito大叔的離婚手續辦妥，他突然有感而發的提議到：「我想要再開一個Podcast節目，覺得妳是很合適的主持搭檔人選。過去麻煩妳給我一些建議，也討論過不少與離婚相關的議題，像如何應對、心態調適的方式、法律細節處理等，我在想，一定有很多人正面臨同樣的困境，也許我們可以合作一個Podcast節目，把這些經驗分享出去。」

這個提議讓我心動，同時內心也充滿掙扎。有個聲音鼓勵我：「可以的，就這麼做吧！這件事功德無量。」但小我的聲音卻恐懼地說：「這麼丟臉的事情，還要公開分享？妳的親戚、朋友，甚至學生知道了會怎麼看？」各種糾結矛盾讓這個Podcast計畫遲遲未能啟動。

其間Vito大叔鍥而不捨的追問，我總是口頭說：「聽起來不錯啊！」卻遲遲未有具體行動。直到某一天，內在強烈的召喚已經勝過恐懼，我忽然覺得：「就是現在，是時候面對了。」於是，二〇二三年夏天，Podcast節目「分手的99個理由」誕生了。

製作「分手的99個理由」時，我們的設定便是從男性與女性不同角度出發，探討感情和婚姻的課題，同時試圖打破傳統性別框架。例如，我們希望讓男性明白，他們不必強裝堅強，也可以表達自己的脆弱；女性也不應侷限於傳統家庭角色，應該肯定自己的價值。我們希望藉由節目傳遞平等與相互理解的觀念。

節目播出後，陸續收到各地聽眾的回饋。其中有一位住在歐洲的聽眾來信，她說先生突然提出離婚，態度堅決無法挽回，她孤身在國外倍感無助，而我們的節目給了她很多力量，得以面對這場感情與生活的巨變。還有一位聽眾說，聽了節目後，彷彿把十幾年前離婚的心結打開了。也有年紀很輕的國中生聽眾，在聆聽一些故事後，例如陳守娘、林投姐在感情受到壓迫後化為厲鬼，隨著我們的述說她也一起反思傳統習俗裡對女性的不公，她認為這樣的內容很有趣。

記得離婚沒多久，在「人生自信力認證協導師」的課堂裡，來自芬蘭的海蒂（Heidi Tuokila）老師曾對泣不成聲的我說：「也許此刻妳無法明白，但有天妳一定會知道，這段婚姻是老天送給妳以及其他人最好的禮物。」當時仍在受傷的漩渦裡打轉，去參與各種內在提升課程，就是為了獲得力量好將自己拉上岸，因此我確實不明白離婚為什麼是個禮物？

後來Vito大叔告訴我，當時我在「粉紅地獄辛辣麵」受訪時說的話，是讓他決定鼓起勇氣面對觸礁婚姻的關鍵因素之一。「分手的99個理由」聽眾的反饋也讓我知道，那些原本被我貼上「丟臉」標籤的生命經歷，真實透明的展現後，反而無形中鼓舞了正在遭遇類似困境的人們；我也透過在節目中一次次的分享，以及各種不同面向主題的探討，更能自我理解，內在也益發堅強。

有一次，一位上完人生自信力工作坊的學員傳來私訊，她說：「我好驚訝，完全沒想到老師經歷過這些事情。其實我的婚姻也面臨極為類似的問題，因為擔任丈夫的保人，現在也面臨債務，老公跑到別的城市不在身旁，我獨自一人帶著孩子，常常覺得孤獨又絕望。但看到胡咪老師能走過這一段日子，現在活得開朗有光彩，還超級愛笑，讓我覺得充滿希望。我告訴自己，有一天我一定也能挺過，然後要變成像妳一樣幫助別人的人。」

從前我總是無法好好訴說這段經歷，因為所有的言語最終會被淚水淹沒；可是當我願意與這段不愉快的過往直球對決，眼淚減少了，內心也變得更加平靜。因為我將力量收回手中，不讓外界定義我。不僅治癒了自己，也讓他人看到了可能性。

我明白海蒂老師那段話的意思了，這段婚姻經驗，最終真的成為一份禮物，幫助了更多需要支持的人。當我選擇將創傷使命化，這段經歷所帶來的影響就由負轉正，那不是丟臉，而是我未曾預料到的生命之禮，為此我充滿感恩。

愛自己探索提問

1 我是否曾經因為害怕「別人的眼光」，而選擇隱藏自己的故事？

是否擔心別人「怎麼看我」，而不敢坦承自己的經歷？

若我不考慮別人的評價，我是否願意大方談論自己的故事？

2 我是否曾經覺得自己的過去是「丟臉的」，而不是「寶貴的經驗」？

是否曾經因為失敗的感情、婚姻、決策，而自我貶低？若這段經歷發生在我最好的朋友身上，我會如何看待他？我是否也能用這種溫柔來對待自己？

3 當我面對困難或低潮時，我選擇逃避，還是試著找到新的意義？

是否曾經把自己的痛苦當作「不可改變的事實」，而沒有想過如何轉化它？

我是否相信：「這段經歷或許是我人生的轉折點，將帶領我去往更好的地方」？

4 我的痛苦是否來自「社會的框架」，而不是「真實的我」？

是否曾經因為「社會說離婚很丟臉」，所以我就真的這麼認為？

如果沒有人評價我，我會如何看待自己的人生選擇？

5 我的故事如何影響了別人？

是否曾經有人因為聽了我的故事，而得到啟發或力量？我是否願意相信，過去的經歷不只是屬於我自己，它可能是另一個人生命中的轉捩點？

6 在這段經歷中，我學到了什麼？

我是否更懂得「如何珍惜自己」？是否更清楚「我真正想要的關係」？我是否願意感謝這段經歷，因為它讓我變成更成熟、更強大的人？

7 我是否願意改變「故事的敘事方式」，讓它成為我的力量？

當我談論過去時，我的語氣是充滿受害感，還是帶著覺察與成長？如果把自己當作故事的主角，我希望這個故事的結局是什麼？我是否願意相信：「這不是悲劇，而是我的蛻變」？

8 現在的我，是否願意活出真正的自己，而不再害怕過去？

我是否願意大方地承認：「這就是我的人生故事，我不會讓它定義我，但我願意善用它」？我是否準備好，把過去的經歷轉化為「新的人生動力」，讓未來的日子過得更自由、更真實？

12

久遠的限制與祝福

這段經歷讓我明白，
勇敢地求助不是軟弱，也並不丟臉；
反而是一種勇敢，一種智慧，
更是自我救贖重要的一步。

在療癒自我的路上，我也練習從自己的原生家庭中，找尋是否有一些無意識中承襲的信念需要調整。其實，我出生在幸福美滿的家庭，父母呵護備至、關愛有加，從來沒有讓我吃過什麼苦，教育態度開明，他們從不認為成績能決定一切，也不會強加阻止孩子去做感興趣的事。因此，我從來不覺得自己的成長背景會有什麼問題。

直到下定決心探索並掃除那些自己未曾發現的限制性信念，才思及，即使生活在溫暖美滿的家庭，父母也是以上一代傳承下來的觀念在教育孩子，當中或許有些問題他們也未必察覺。這些信念並不是出於惡意，而是無意間的代代相傳，根植在內心深處，需要我們自己去發掘和突破。

我首先注意到自己被種下一個根深蒂固的信念，就是「家醜不可外揚」，或者說「不要把自己的隱私讓別人知道」。這樣的觀念源於父母對隱私的高度重視；然而，它也在某種程度形塑了我的性格——習慣於把所有事情都獨自承擔，努力做到事事獨立完成，因為我不想麻煩別人。

麻煩別人，往往意味著我必須向他們解釋自己的脆弱；我不習慣這種自我揭露的行為，因此選擇一個人默默承擔、埋頭苦幹，把壓力扛在自己身上。工作上能自己完成的事情盡量不麻煩別人，可以的話最好做到盡善盡美，不要造成他人的負擔。

另外一個信念是，從小父親叮嚀我：「不要隨便接受別人的禮物，如果收了別人的禮物，別忘記要回禮。總是拿別人的東西，以後要用什麼還給人家呢？」這聽起來是一種禮尚往來的觀念，也表達了父親在待人處事上，寧願對人大方，也不占人便宜的心態。

但隨著時間的推移，我漸漸發現，當別人對我釋出好意，我的第一反應是想要婉拒，或者心想：「拿了你的東西，我該還你什麼當回報呢？如果還不起，還是不要接受你的心意好了。」

這樣的教導形成了我小心翼翼，害怕麻煩別人的個性，也因為不確定未來能如何回報對方而感到困惑。這種心態讓我在接受別人的善意時，常常猶豫不安，甚至選擇拒絕，而忽略了情感交流本身最原始、最純粹的真誠與美好。

其實這種想法背後隱含了不自信，不相信自己值得擁有別人的餽贈與幫助，也不信任未來有回饋他人的能力。其實很多時候，他人的付出並不在求得對價回報，是源自一種喜悅與信任，如果一再遭到拒絕，久而久之，這扇情意傳遞之門便關上了。

這些以前覺得沒什麼問題的信念，在婚姻遭遇重大挫敗時被放大到極限。我突然意識到，過去的生活方式似乎已經行不通了。我再也無法僅僅依靠自己的力量好起來，也無法一個人默默消化所有情緒。

那一刻，我開始思考，我必須改變，我需要學會求助，並且相信自己值得，泰然接受他人的照拂與關懷。

於是，我鼓起勇氣，向身邊的朋友敞開心扉。說「鼓起勇氣」其實並不誇張，因為我依然覺得婚姻觸礁不是一件光彩的事，要說出口是很艱難的；同時也擔心信任錯付，反成了他人茶餘飯後的消遣話題，所以對傾吐的對象也是斟酌再三，他必須是讓我感到值得信任，不好論人隱私者；或是相較於自己更具有社會經驗、歷練豐富的長者。很慶幸，這些朋友給了我很多幫助，無論是實質上的協助還是情感上的支持。他們的陪伴和建議，成為我重新站起來的重要源泉。

如果當時沒有踏出這一步，仍舊選擇在婚姻遭遇重大打擊時，妄圖靠自己解決，那麼我不會這麼快下定決心，透過各種有效途徑扭轉自己的處境。這段經歷讓我明白，勇敢地求助不是軟弱，也並不丟臉；反而是一種勇敢，一種智慧，更是自我救贖重要的一步。

還有一個出乎意料之外的信念，竟然也成了讓我受苦的原因。有些人因為原生家庭不和睦，從小就不信任愛情，於是遊戲人間。而我恰好相反，從小看到父母相處融洽，自然而然就覺得，婚姻生活不正應該這樣，相互扶持、白頭偕老。因此面對自己短暫且心力交痒的婚姻，瞬間覺得自己是個沒把作業寫好的駑鈍學生。

這才發現「找一個白頭偕老的伴侶」，這個信念常常在關係中帶來無謂的壓力，甚至在關係結束時引發巨大的痛苦。例如我在離婚後會陷入：「為什麼我們沒能一起到老？」的糾結中。

事實是，世界上的一切都是變動的。我們本身就是動態的個體，感情也不例外。即使兩個人感情很好，也不一定能永遠在一起，因為生活中還有許多不可控的因素，比如生離死別。因此，追求「永恆的愛」本身就是一種不切實際的期待。

感情的重點不在於永遠不變的承諾，而在於珍惜每一個當下。放下對於「永恆」的執著，反而能更能活在每段關係的當下，感受愛的真實。

我也經常從聽眾的提問中，檢視自己是否帶著有毒的信念而不自知。像是：「我的真命天子或真命天女到底什麼時候才會出現？」「我的對象應該找跟我個性相似的還是個性互補的？」

其實，愛是一個修行的過程，每一段關係都在幫助我們更加了解自己，更靠近那個能夠自在相處的伴侶，而不是非得找到所謂的「Mr. Right」或「Miss Right」。當我們期待對方是「完美的那個人」時，可能忽略每個人都有可親可愛的特質，自然也有令人不喜歡的部分，唯有學會用完美的眼光欣賞眼前人，如實的包容、接納，兩個人才會一起走向成長蛻變，愛情才能自在流動。

所以，真正的重點不在於對方是否是「真命天子」、「真命天女」，或是與對方性格相仿或相反才能讓兩人未來的日子美滿；重點在於我們能否成為自己生活中的主角。與其尋找「真命對象」，不如讓自己活成「真命狀態」。當一個人充滿自信與完整時，自然會吸引到適合的人。當我們不再期待別人來拯救、改變或補足，也不企圖改造對方以符合期待，而是專注於自己的成長與幸福時，就成為那個「真命」本身。正如當年步入婚姻的我，其實多少有種期待，期待對方能改變我當時一成不變的人生。顯然，對方確實改變我的人生，只是當我不在「真命狀態」時，迎來的不是共同成長的改變，而是面目全非的摧毀。

另外一個經典的大哉問是：「到底該選擇我愛的人，還是愛我的人？」很多人會根據自己的經驗或階段給出不同的答案。有人覺得，選擇愛自己的人生活或許平淡，但是對方一定會死心塌地，不離不棄；也有人認為，選擇自己愛的人，生活會激情四射，可難免受制於人，擔心對方拋棄。

但其實，這樣的選擇本身就是一個誤區，因為它預設了愛可以量化和比較。而事實是，愛是無限的源泉，可以想像為陽光、空氣、水，它們的存在是不設限、無邊際的，不是數字，也不是可以拿來交易的商品。如果我們抱著「愛情是一場交易」的心態，就容易陷入比較與計算，進而感到受傷。

當我們將愛視為一種自然流動的能量，而不是計算彼此的付出與回報時，這個問題就不再存在。真正的愛是無條件的，是在每一次互動中散發出的喜悅與幸福。而當我們成為愛的源頭，不論愛的人是否回應，這份愛依然會讓我們感到完整與自在。

只要願意靜下心來，有意識的對成長過程中接受到的信念進行挖掘與探究，一定能逐漸明白——愛情中讓我們痛苦的，往往不是愛的本身，而是我們對愛抱持的錯誤信念與期待。

放下「真命天子」的執念，活成自己的真命狀態。

不執著於白頭偕老，珍惜每一個當下的相處。

超越「誰愛誰更多」的比較，成為愛的源頭。

愛情並不是為了尋找某個人來填補自己的空缺，而是一趟讓我們更加認識自己、成為完整個體的旅程。二分之一乘二分之一，得到的只會是四分之一；失落的一角必須從內心去找，除非我們的內心是完整的，否則別人無法完整我們。當我們能放下對愛情的控制、計較，專注於自己內在的成長時，就會發現愛情的真諦是讓自己認清我們本來就是一個完整的人。

愛自己探索提問

1 我是否曾經無意間承襲了來自原生家庭的限制性信念？

例如：「家醜不可外揚」、「感情要忍耐經營」、「結婚才能幸福」、「女人要顧全大局」等。這些信念是否幫助了我，還是讓我在關係中受苦？

2 我是否習慣獨自承擔壓力，而不願意向他人求助？

是否害怕麻煩別人，或擔心別人因此看輕自己？我是否曾錯過被愛與支持的機會，只因為不敢開口？

3 當別人對我釋出好意或幫助時，我的第一反應是什麼？

是欣然接受，還是感到不安，擔心自己「欠了別人」？認為「接受別人的幫助」就意味著自己不夠獨立？

4 我對「愛」的期待，是否來自於童年對父母婚姻的想像？

我是否曾因為父母感情和睦，而認為愛情應該是「一輩子的承諾」？若父母的婚姻不幸福，我是否因此害怕親密關係，不敢投入愛情？

5

我是否過度執著於「白頭偕老」，而忽略了當下的幸福？

我是否曾因為害怕「關係無法長久」，而無法真正享受戀愛或婚姻？

若關係結束，我會把它視為「失敗」，還是「人生旅程的一部分」？

6

我是否曾經把愛情當作一種「交易」？

是否曾經覺得：「如果我選擇愛我的人，至少對方不會離開」？

是否曾因為付出較多而覺得「對方應該要回報我」？

7

我是否過度迷信「真命天子／真命天女」概念，而忽略真實的關係經營？

是否曾經等待「那個對的人」，而忽略眼前值得珍惜的人？

我是否相信：「與其尋找真命天子，不如讓自己活成真命狀態」？

8

在愛情中，我是否曾經陷入「誰愛誰更多」的比較遊戲？

是否曾想：「為什麼都是我在付出？」、「他愛我有我愛他多嗎？」這樣的比較讓關係更好，還是讓我更痛苦？若我不再計較誰愛誰更多，是否會更自在、更快樂？

9

我是否曾因為害怕孤單，而急於尋找伴侶填補內心的空缺？

是否曾經認為「單身是不完整的」？當自己單身時，是否能感受到快樂與滿足？如果沒有人來愛我，我是否仍然值得被愛？

13

快速檢視對方的價值觀

旅行是一種特殊的經驗，
因為它讓人們脫離日常環境，進入陌生的情境，
面對突發狀況、文化差異和生活細節時，
個性會自然顯現。
它就像一面放大鏡，讓人看到平常忽略的細節，
還能檢視彼此是否能在壓力和挑戰下和平共處。

在一段關係中，我們常常會思考：「這個人是否適合我？」這個問題無論在戀愛還是考慮婚姻時，都非常重要。尤其對於那些想快速看清彼此價值觀的人，時間有限，又不想花上六、七年談戀愛磨合。那麼利用一個「旅途實驗」快速觀察兩人的相處模式，是一個確認對方是否適合長期相伴的好方法。

日語裡有個詞語叫做「成田離婚」（なりたりこん）或稱做「成田分手」，是一九九〇年代後期日本出現的一個新詞，當新婚夫妻出國度蜜月，因為在長途旅行中看盡對方最真實的樣貌，生活習慣中的缺點一覽無遺，引發齟齬，最終在抵達成田機場後提出離婚的現象即「成田離婚」。

旅行是一種特殊的經驗，因為它讓人們脫離日常環境，進入陌生的情境，面對突發狀況、文化差異和生活細節時，個性會自然顯現。它就像一面放大鏡，讓人看到平常忽略的細節，還能檢視彼此是否能在壓力和挑戰下和平共處。

但許多還沒有深入交往的人聽到「一起旅行」就會擔心：「是不是意味著要住同一間房？我可沒打算這麼快讓對方看到我的素顏和小熊睡衣。」其實並不一定要住同一房間。如果你覺得分房間比較舒適，卻發現對方因此不高興或感到不被信任的冒犯，這就已經透露出一部分價值觀的分歧。旅行中的點滴都能反映你們是否能接受彼此的不同。

觀察關鍵點：食衣住行育樂

於是我和Vito大叔在Podcast節目中，便針對「快速檢視對方價值觀」這個主題，從旅行中提煉出最重要的五個面向進行探討，究竟如何透過細節洞察對方的價值觀與性格。

一、食：從飲食習慣看偏好與性格

飲食是旅行中的基本需求，但不同的飲食習慣卻可能成為摩擦點。假設兩人到了日本，對方堅持要排隊兩小時吃一家網紅拉麵，而你覺得花兩小時等待太浪費時間。這時，便會發現兩人對時間與食物的價值觀差異。又或者，有些人是「隨遇而安」型，喜歡隨意散步探索當地小餐館，走到哪吃到哪；而另一些人則是「做好攻略」型，堅持依靠網路評分尋找高評價餐廳，一定要按圖索驥，不吃到誓不罷休。這些選擇的背後，隱藏著對方的偏好、規畫方式，以及是否注重效率。

飲食習慣還延伸到更深的生活層面，例如對方是否愛嘗試新口味？是否願意在某些不如預期的情況下妥協？如果你好奇對方是否下廚，這時也可以藉機探問討論他的興趣與能力。透過這些話題，將能發現兩人在飲食習慣上是否能達成平衡，或許還能預見未來家庭生活中的飲食模式。

二、衣：穿著打扮反映美感追求

旅行中的穿著選擇，往往透露了個人對舒適、美觀與功能的重視程度。例如，有些人認為出國旅行應該輕便舒適，穿T恤、運動鞋最實際；但另一些人則會堅持每天精心打扮、光鮮亮麗。這樣的差異可能在旅途中變得明顯：一方認為對方過於隨便，而另一方則覺得對方太注重外表不夠實際。

此外，旅行還能展現一個人對於生活條件的準備是否周全。例如，是否攜帶過多行李？旅行裝備選擇的價值觀呈現？假設去的地方氣候特殊，例如極地，這時候會使用到的裝備，如雪靴、高抗寒衣物，回到日常不一定會用到，便可觀察他在採購的時候會如何決斷，是因為使用頻率不高而選擇較為便宜的，或是無論如何都會購買高功能高單價的產品，這都是可以仔細覺察價值觀與金錢觀的地方。

更重要的是，穿著上的要求也能反映控制欲。例如，當你想穿比基尼在沙灘上放鬆，對方卻覺得這樣太暴露；或是規定你一定要穿他搭配好的服飾造型，這可能顯示對方對你的限制性。而你是否能接受這樣的約束，也是一個需要思考的問題。

三、住：住宿細節看價值觀與生活習慣

住宿的選擇不僅關乎預算，還反映了兩人的生活要求。對於某些人而言，旅行中的住宿只是用來睡覺，便宜方便就好；但對另一些人來說，舒適的床墊、高品質的服務是不可妥協的基本需求。如果一方重視性價比，另一方則追求高端享受，這種價值觀的差異若無法達成共識，未來可能會在金錢使用上發生爭執。睡覺的時候也可以觀察是否會因為對方打呼、磨牙、夢遊或亂踢被子而感到困擾？這些看似小事的細節，可能在婚後成為雙方相處的挑戰。

若兩人共宿還能揭示衛生習慣。例如，行李、衣物、鞋子怎麼擺放？房間內飲食後怎麼收拾？共用浴室後是否會主動清理？洗手台是否保持整潔？甚至是是否會清理掉在排水孔上的頭髮？馬桶是否保持乾淨等，這些看似微小的習慣可能預示了未來同居生活中的問題。如果你對對方的衛生標準不滿，或對方對你的習慣過度挑剔，這可能是需要協調的重要信號。

四、行：交通方式與行程規畫的性格展現

行程的安排往往能看出兩人的規畫能力與價值取向。有些人習慣事先細緻安排，每天

的行程甚至會精確到幾點幾分要在什麼地方出現；而另一些人則偏好隨興探索，認為旅遊應該輕鬆自在。如果兩人在這方面無法達成共識，可能在旅途中爆發衝突。

交通方式的選擇也是一個觀察點。一方可能偏好乘坐大眾交通運輸工具節省成本，而另一方則覺得長途旅行時應該搭計程車省時省力。這些選擇中隱藏著對金錢、效率的不同看法，甚至是對彼此需求的體貼與否。

如果遇到延誤、迷路等緊急情況，面對突發狀況時對方是慌亂、責備，還是冷靜解決？他的態度和行動力是否讓你安心？這些過程中的大小事都是觀察對方「底層性格」的最佳機會。

五、育樂：規畫與應變能力的最佳試煉

娛樂活動是旅行中的重頭戲，但也最容易展現兩人的興趣是否相符。例如，有些人喜歡悠閒地欣賞沿途風景，例如參觀美術館、碼頭看落日；而另一些人則偏愛充滿挑戰的冒險活動，例如高空彈跳、騎重機環島。如果你們的興趣南轅北轍，會如何協調出滿足彼此需求的活動？或是不歡而散影響彼此的旅遊樂趣。

同時，旅途中還會遇到許多突發狀況，例如身體抱恙、行李丟失或預定的行程被取消。此時，對方的應變能力與情緒管理非常重要。是選擇冷靜解決，還是暴躁抱怨？平常謙和有禮的人，在不如意的情境下，會不會盛怒失控成了張牙舞爪的魔鬼？這些細節能反映出他在壓力下的真實個性，幫助你評估他是否是值得信賴的伴侶。

旅行是婚姻的縮影

其實我在婚前確實做過這件事，當時和前夫並未開始交往，他只是熱烈的對我表達好感，因為早有耳聞透過一場旅行可以看出同行者平時見不到的人格特質，於是他邀約一場長途旅行時我便應允。過程中一切順利，雖然各自睡一間房，無法觀察到某些衛生或睡眠習慣，一路也相安無事。就在旅程將近尾聲時，他希望可以在僅剩兩天的時間中追加一個臨時坐船到綠島的行程，為此我們便起了爭執。

他說綠島很小，一下子就能繞完，利用最後一天前往，隔日搭船，就能如期回台北。我便詢問：「那開船的時間是固定的嗎？」他回答有時候船班會因天候狀況影響而延後甚至暫停出航。為了避免這個風險，導致我回到台北的教學工作產生影響，便告訴他綠島行還是改天吧！不然困在島上回不了台北，我豈不是對不起滿座等待的學生。

他聽聞此，覺得我過度小心翼翼。船會不會停駛也不一定，就算停駛也是天氣的錯不是我的錯，只要打一通電話給補習班，說一聲自己因為天氣狀況受困綠島，想必別人也可以理解的。好不容易有個離綠島很近的機會，下次也不一定會來，為什麼要因為這個不一定會發生的風險而放棄。

我則認為這個可預料的風險已經擺在眼前，眼下也確定若是風險成真，會遭遇的情況是放幾百位學生鴿子，補習班必須重新安排補課，會造成很多人的不便與困擾；而且這個行程是臨時增加的，並不是原來預計的，所以也談不上失去。既然如此，為什麼不安心的回到台北，好好的休息後，隔天精神飽滿的去工作，而是要把自己弄得提心吊膽呢？

他試圖想遊說我前往，我堅決不想冒這個風險，我們為此引發爭執；但是隔日他很快的先道歉，這件事就這麼過去了。後來想想，這跟我們的婚姻中爆發的財務危機完全一樣。他十分敢於冒險，明知有巨大風險，也知道風險成真需要付出的代價可能是時間、金錢、心力，甚至是傷害到其他人，還是不願意放棄可能的高報酬希望。那次旅行我就看見他這樣的性格與我的價值觀完全背道而馳，可是卻說服自己每個人都有不同的性格特質，最後還是走進了婚姻。

所以說，旅行不僅是要創造一次愉快的經歷，更是寶貴的試煉場，讓你透過實際情境快速了解對方的個性、價值觀和生活態度。食、衣、住、行、育樂這五個方面的觀察，可以幫助你預見未來相處中的潛在問題，並判斷是否能接受對方的習慣與特質。最重要的不是兩人是否完全一致，而是能否在差異中找到平衡。

與其在婚後才發現彼此的不合，還不如透過一場旅行及早了解真實情況。如果你們能在旅途中愉快地溝通、互相包容，並從衝突中找到解決方法，那麼你們很可能擁有一段穩固而幸福的關係。反之，若旅途中充滿爭執與不快，或是發現巨大的性格差異，這可能是個警示，提醒你們需要重新考慮這段感情的未來。

愛自己探索提問

1 在一段關係中，我認為「價值觀相近」比「個性互補」更重要嗎？為什麼？

在「生活習慣」與「人生理念」之間，我更在意哪一個的契合度？

2 我和伴侶在「食」的習慣上是否相容？

他是否尊重我的飲食選擇，例如不勉強我吃我不喜歡的食物？

若未來共同生活，我是否能接受他的飲食習慣，或願意調整自己？

3 我能接受伴侶在穿著打扮上的價值觀嗎？

他是否太隨便、或過度講究？我們對「場合穿搭」的認知是否一致？

他是否曾試圖控制或評論我的服裝選擇？我能接受嗎？

4 在旅行或日常生活中，我和伴侶對「住」的要求是否相近？

我們對「整潔與衛生」的標準是否一致？

如果我們同居，他的生活習慣會讓我困擾嗎？例如亂丟衣物、廚房不收拾等。

5 當面對行程變動、交通延誤等突發狀況時，我們的應變能力是否一致？

他是冷靜解決問題型，還是容易抱怨、生氣、責怪別人？

若發生意外，例如錯過班機、行李遺失，我們能否攜手解決，而不讓問題擴大？

6 我們對金錢的使用方式是否匹配？

他在旅行時的消費模式是否符合我的金錢觀？例如：奢華vs節省。

我是否能接受他的消費模式，或者我們的理財觀念需要磨合？

7 我們對「娛樂」的喜好是否匹配，或能相互包容？

我喜歡文靜活動（如美術館、書店），他卻偏好刺激冒險（如衝浪、跳傘），這會成為問題嗎？我們是否能在不同的興趣中找到平衡，而不讓一方感到被忽略或犧牲？

8 當我們意見分歧時，他的態度是否讓我安心？

若我們在決策上出現分歧，他是強勢主導，還是願意溝通協調？

在過去的相處經驗中，我是否曾因他的決定而感到委屈或被忽視？

9 我是否曾忽略旅途出現的「警示訊號」，而後來證實這些問題確實存在？

是否曾告訴自己「只是旅行而已，不代表什麼」，但後來發現這些問題其實影響很大？我是否曾輕忽對方的「冒險精神」或「風險管理能力」，而最終導致婚姻（或關係）出現無法彌補的問題？

14

這樣的對象不要碰

許多人在感情中，特別是在考慮婚姻時，
可能會忽略一些重要的警訊，
導致日後的關係出現問題。
如果我們能在交往初期就敏銳地觀察到對方某些特質，
便能避免進一步的錯誤投入。

不少朋友初聽聞「分手的99個理由」這個節目名稱，誤以為節目僅僅只是探討分手，事實上我們著重的是親密關係中彼此的內在提升。但真要論及「勸離不勸和」，以下這幾件事不可不慎。

許多人在感情中，特別是在考慮婚姻時，可能會忽略一些重要的警訊，導致日後的關係出現問題。如果我們能在交往初期就敏銳地觀察到對方某些特質，便能避免進一步的錯誤投入。以下是幾種需要警惕的對象類型，同時搭配實際的案例，希望幫助大家在感情中更明智地選擇。

一、對方已經有伴侶

這是一個最直接的紅燈訊號。對方可能隱瞞自己已婚或已經有交往對象的事實，或者有的可能以「我們快分開了」或「和配偶感情不和」的說詞來掩蓋事實。然而，這種承諾往往不可靠，能夠因此修成正果的機率並非沒有，但是過程中多半會引來許多麻煩，可能是情緒上或是法律上的痛苦；如果你渴望的是一段不複雜且單純的感情，那麼這樣的對象就敬謝不敏。

曾經有位女性朋友，和一個「單身」男性交往了半年，直到一次不經意間翻看對方的身分證，才發現他的配偶欄竟然不是空白。事後她才知道，對方在交往時雖然坦承有過一段已離異的婚姻，可是他說的「離婚協議」根本不存在，事實上對方在法律上仍是已婚身分，所謂的「單身」只是他口頭上的說法，實際上就是在欺騙她。

所以在認識階段，就可以技巧性地詢問以理解對方的感情狀態；如果實在擔心，不妨要求對方直接提供證據，最直接的像是身分證配偶欄是否空白；畢竟若彼此都有好感想要穩定交往下去，這並不是過分的要求。如果對方藉口拒絕，或顯得躊躇，可能就是隱藏問題的徵兆。倘若是在交往後才發現對方並非單身，在震驚之餘對方聲稱即將分手或離婚而苦苦哀求挽留，切記要堅守「處理完再來找我」的底線，長痛不如短痛。

二、情緒過激或個性極端

情緒不穩定、缺乏控制能力的人，可能會給關係帶來很大的風險。他們通常在言論與行為上有失控情況，甚至在小事上就有過激反應。

可能有的情況像是「言論偏激」。有一位聽眾提及伴侶對政治話題非常激進，不能容許不同意見。例如談到選舉時，會強烈批評他支持的政黨，甚至罵他「無腦」、「白癡才會相信這個爛黨」，這樣的言詞讓他感到完全不被尊重。

還有一種是「行為失控」。另一位女性聽眾分享，伴侶在雙方起爭執時會摔門、把東西砸向牆壁，一次在車內因為爭吵而猛捶擋風玻璃，不僅導致玻璃破裂，手也受傷，當時孩子甚至還在車上。他的行為雖然都沒有針對個人攻擊，但是這樣的情況讓她意識到未來可能會有不可測的風險，總是提心吊膽。

所以在交往的時候就應該注意對方的日常行為和情緒表現，尤其是對方在面對壓力或衝突爭執時的反應。如果對方在小事上就表現出過度反應，動輒大發雷霆，那麼遭遇更大事件的反應只會更激烈。如在相處過程中對方曾讓你因此有過一絲絲顧慮，請不要自動戴上美化濾鏡，自我催眠「他只是最近壓力比較大」，因為此刻的一點顧慮，可能會在未來的生活中變本加厲，請慎重維護自我身心的安全。

三、金錢觀差距過大

金錢觀的不同往往是感情衝突的重要來源。無論是過於奢侈還是極度節儉，都可能對關係造成壓力。

一位朋友的男友月薪不到五萬，卻每月刷信用卡買名牌精品，購買超出經濟能力的名品導致高額負債，長期動用信用卡循環利息。這種過於奢侈的消費習慣，讓她無法接受而分手。另一位朋友的男友堅持每次吃飯都精算ＡＡ[10]，將所有開銷分得非常細緻，甚至為了一份套餐多出十元而埋怨她。他們在討論結婚時，男方對婚禮費用斤斤計較，甚至連未來孩子的費用都付以一人養一個的概念來拆帳，最終這段感情無疾而終。

在相處過程中，多觀察對方的消費習慣和金錢態度。並不是日常不能有大額消費，或是一定要找一個生活克勤克儉的才算好對象，而是要明白，只要對方的金錢觀和你差距過大，就應該謹慎考慮，因為很可能會影響未來的生活品質和感情穩定性。

四、性健康與尊重問題

性行為是親密關係的一部分，但如果對方在這方面表現出不尊重、不負責任或忽略健康衛生，這會對伴侶造成直接的傷害。

我在網路上看過一則抱怨文，一位女性抱怨男友每次進行性行為前都拒絕清潔，導致她陰部反覆出現感染。即使她轉述醫生建議，請男友在事前先洗澡會有助於改善她的發炎情況，他仍然嫌麻煩，覺得作愛後流汗反正也要洗澡，既然如此何必洗兩次，因此意興闌珊不願改變，最終她明白這個男人就是有著只顧自己爽快，一點都不在乎她是否健康的自私性格，便結束這段關係。

還有很多女性都提到的，伴侶拒絕避孕，作愛時不戴保險套，說著「可是戴套作愛我會沒有感覺」，或隨口承諾「我不會射在裡面」、「懷孕就生下來一起養」，但當女性真的懷孕時，對方卻完全沒有沒有展現責任感，有的甚至直接已讀不回或人間蒸發。

---

10 AA制指「平均分擔費用」。英文「AA」的意思，其一爲「Arithmetic Average」，指的是算術平均；其二則是「All Average」，全部平均的意思。總體來說，皆可表達「按人頭平均分擔帳單」之意。

在感情中，「性」同樣是雙方需要互相尊重的一部分。特別要提醒女性，要求對方在性行為中作好安全保護措施，例如堅定的請對方戴上保險套，保險套由妳來準備也無妨，並不會顯得妳是過於強勢、不夠溫柔的人；自己的身體要自己保護，自己的子宮要自己捍衛，這不僅是懷孕問題，還包含杜絕性病感染的可能。如果有一方在這方面表現出輕忽、不在意或自私的態度，應該考慮這段關係是否值得繼續。

五、隱瞞重大事實

我的一位女性友人婚前知道男友有糖尿病，可是結婚後才發現事實並非如所述的輕描淡寫，而是嚴重的家族遺傳糖尿病。婚後沒多久，丈夫就因為需要長時間在家靜養而無法出門工作，這讓她不僅需要承擔額外的經濟壓力，也因為丈夫長時間在家，她的生活圈、朋友圈丈夫都無法參與，婚後沒多久就和丈夫漸行漸遠，兩個人沒有共同的話題，也影響了他們的日常相處，最終兩人都帶著遺憾以離婚收場。另一位朋友則在交往兩年後才知道，對方家中有一位需要終身照顧的親屬，即使結婚後也必須同住照護，而這件事一直被隱瞞，直到談婚論嫁時才被告知。即使雙方相愛，價值觀也契合，可是驟然聽聞此事依然有一種被欺瞞的不適感，也因此讓他們的婚事陷入膠著。

無論是重大健康問題、家庭負擔，還是其他可能影響未來雙方生活的情況，應該早點坦承，說不出口固然是因為害怕對方無法接受而分開，可是隱瞞重大事實的行為同樣會導致未來感情陷入困境，因為這種行為本質上是對伴侶的不尊重。坦誠以告，勇於接受隨之而來的結果，或許能迎來意想不到的美好結局。

六、犯罪傾向或品德問題

平心而論，在每一段感情中遇到的對象是大奸大惡之徒的情況並沒有這麼高，所以這並非指結婚前要對方出示「良民證」[11]以自證清白。事實上，光是一些日常不良行為，例

11 良民證的法律上正式名稱爲「警察刑事紀錄證明」，是記載一個人有沒有刑事案件紀錄的文書。按照相關規定，如果是符合少年事件處理法、獲緩刑或僅受拘役、罰金宣告等各類情形，仍然可以申請到上面沒有記載刑事紀錄的良民證。

如偷竊、偷拍或其他道德問題，就已經直接影響個人安全感和未來生活。

曾見過網路一則被熱烈討論的貼文，發文的女生發現男友的手機相簿裡存有許多偷拍穿短裙或短褲的女路人照片，拍照地點五花八門，可能在捷運車廂、手扶梯、風景區、展場等公共場所。她感到十分震驚詢問對方，他卻說：「只是拍腿，又沒有照臉；況且我只是自己看，沒有外流。妳不喜歡的話，我以後不這樣做就是了。」她沒想到男友是如此道貌岸然之人，一邊覺得這種偷拍行為很噁心，想著男友會不會經常背地裡看著手機裡的照片意淫，卻又一邊懷疑是不是自己過於小題大作，這會不會就只是普通的男子好色行為，畢竟也沒有到坐牢的程度。沒想到這則貼文底下意外有很多女性回應，表示也曾在男友或丈夫的手機裡意外發現類似的照片，有的選擇果斷分手，有的則持續保持觀望。

還有一位男生，發現女友習慣「順手」將辦公室的東西帶回家，例如原子筆、立可帶、便利貼、釘書機、列印紙，他本來以為女友是因為把工作帶回家做才需要使用這些文具，隨著家中對放越來越多的公司的文具，甚至還有一些樣品，他開始覺得這好像不僅僅是貪小便宜的心態。

還有其他品德問題，就因人接受程度而異。有人讓紅線停車、開車超速或闖紅燈的對象直接出局；有的人看到對方隨地吐痰、亂丟菸蒂就覺得是大忌。無論如何，請明確個人的道德底線。

如果交往過程中已經發現對方有偷拍或遊走法律邊緣，甚至已經違法的行為，請務必及早遠離。當你還在懷疑自己是不是反應過度的正義魔人時，只需要問自己，如果被偷拍的是你，你的照片被陌生人在某處用來意淫，你可以接受嗎？或是你的員工在未經許可的情況下不斷移轉公司的資產，你可以接受嗎？這些看起來小奸小惡的行為在未來可能惡化，不僅會對你的生活造成影響，未來更可能禍及全家，不可不慎。

愛情是一件美好的事情，但選擇伴侶更是一門學問。透過觀察以上幾個方面的特徵，我們可以更清楚地了解對方是否值得投入時間和情感。適合的伴侶應該是能夠尊重你、體貼你，並且是在價值觀上與你相符的人。如果在交往過程中發現對方有明顯的問題，請勇敢選擇結束這段關係，因為真正幸福的生活，始於對自己負責的選擇。

愛自己探索提問

1 當對方對自己的感情狀態含糊其詞，或聲稱自己「快分手了」但仍未處理乾淨時，我會怎麼選擇？

我能夠堅持「等你處理完再來找我」的原則，還是容易因愛而心軟妥協？

2 當對方在爭執中情緒失控，例如大吼大叫、砸東西，甚至對我有語言暴力的傾向時，我會如何應對？

我是否曾經因為「他平時對我很好，只有吵架時才這樣」而選擇忍耐？

如果這種行為未來變本加厲，我是否有足夠的自信能夠果斷離開？

3 當對方在性方面表現出自私、不負責任，甚至不尊重我的意願時，我是否能夠明確表達自己的界線？

他是否尊重我的身體界線，例如願意使用安全措施，並且注重性健康？

我是否曾因害怕衝突，而在不情願的情況下勉強順從對方的要求？

他是否只在意自己的需求，而忽略我的感受與舒適度？

4 如果發現對方隱瞞重大事實（例如健康問題、家族負擔、財務狀況等），我會如何面對？

我是否曾經因為「已經投入太多時間與感情」而選擇忽視這些隱瞞的問題？

我能夠堅持「誠實是感情的基礎」，並且果斷面對欺瞞所帶來的風險嗎？

5 對方在道德層面是否讓我感到不安？是否曾出現「遊走法律邊緣」或「不誠實」的行為？

我是否曾發現對方有偷拍、不尊重隱私、偷竊、欺騙、逃稅等不誠實的行為？

即使這些行為沒有影響到我，但我是否能接受與這樣的人建立長期關係？

6 對方是否曾經試圖控制或過度干涉我的行為、社交圈、穿著，甚至情緒？

他是否曾要求我改變穿著風格、刪除某些朋友、限制我的行動自由？

我是否曾經因為「不想讓他不開心」而默默妥協，但內心卻感到不舒服？

在這段關係裡，我是否有足夠的空間做自己，而不需要時刻取悅對方？

7 我是否曾經對某些「警訊」視而不見，告訴自己「他之後會改變」？

是否曾因為愛、習慣、害怕孤單，而選擇忽略某些讓自己不安或不舒服的行為？

如果這些問題在婚後變得更嚴重，我是否能承受這樣的後果？

15

婚前必聊六共識

婚姻是一場需要不斷磨合的長跑，
而婚前的共識是這段旅程中最穩固的基石。
透過六個話題的深入探討，
一定能夠更全面地了解彼此，
避免在婚後因為價值觀差異過大而產生不必要的摩擦。

在戀愛的過程中，會逐步深入了解彼此，直到有一天兩人有了攜手一生的想法，在決定踏入婚姻之前，有一些關鍵的話題值得雙方深思熟慮，這些話題不僅能避免婚後的摩擦，還能讓彼此在婚姻中更和諧幸福。

我就先承認吧！在步入婚姻前，我完全沒和對方詳細討論過這些細節，如今想來十分不可思議；因此特別想告訴大家，進入婚姻前六個重要探討分別是：

一、健康檢查：建立透明的基礎

結婚前進行健康檢查不僅是負責任的表現，也能幫助雙方了解彼此的身體狀況。有些人可能對自己的健康問題有所隱瞞或不了解，而這些健康問題可能對婚後生活、工作能力、甚至生育計畫產生影響。

一位聽眾曾說，因為長時間在國外念書，和外國籍的丈夫同居、相戀多年，年輕戀愛時沒有想過懷孕，所以並未特別留心這件事；三十多歲婚後仍遲遲未懷孕，夫妻才到醫院檢查，這才發現丈夫的精蟲活動力近乎於零，兩個人才開始思考借助人工生殖；考量國外醫療所費不貲，他們決定求助於台灣的生殖醫學中心。這個年齡階段正是兩人打拚事業的時刻，為了懷孕經常往返台灣與美國間，這對兩人的工作、生活和感情造成了巨大的挑戰。如果早些了解這些情況，雙方可以提前共同討論未來的安排，減少不必要的摩擦。

健康檢查還可以幫助了解雙方是否有遺傳病史，尤其是當計畫生育時，這樣的資訊能幫助雙方做好風險評估，並提早考慮其他選擇。

二、生育共識：孩子，生還是不生？

是否要孩子是每對準備結婚的伴侶都應該認真討論的問題。這不僅包括要不要生，還涉及生育時間、數量以及如何教養等具體細節。比如，有些人希望婚後立刻生孩子，而有些人則想享受幾年的兩人世界。此外，對孩子性別的期待也是一個值得關注的問題，雖然性別無法控制，但了解對方是否有某些期望或來自家族的壓力，有助於減少未來的矛盾。

如果自然受孕有困難，是否考慮領養？是否能接受人工生殖？人工生殖的費用兩個人婚後是否能負擔得起？這些都是在婚前需要討論清楚的。如果對方對這些選項存在強烈的牴觸情緒，或對此完全沒想法，婚後感情常在此過程中大量消磨。例如一方想做人工生殖，一方堅持不願意；又或者女方想要有孩子，可是男方覺得順其自然，不用刻意為之，要去做相關檢查的時候顯得意興闌珊，妻子因為丈夫不積極的態度感受不到支持，不開心的情緒讓求子之路更加辛苦。若在婚前經過好好討論，也許能預防面臨更多不必要壓力的情況。

三、居住規畫：愛的小窩如何打造？

婚後住在哪裡是一個實質性的問題，因為它關乎兩人的生活品質和未來的家庭模式。是選擇買房還是租房？住在大城市還是郊區？更重要的是，婚後是否會與父母或其他人同住？

一位聽眾曾說，雖然和先生在婚前沒有特別討論過這件事，可是公婆都生活在南部，所以她心理預設的婚後生活就是兩人世界。沒想到結婚前一個月，先生突然說，弟弟也是北漂來工作，現在剛好遇到工作轉換，就搬離先前公司的員工宿舍；既然家裡還有空房，那是否能夠讓弟弟住進來，等到他找到工作之後就會搬出去；妻子心中自是極為不願，但丈夫保證這只是暫時的，也就勉強同意了。婚後除了兩人世界夢碎，新婚燕爾浪漫夜晚常常無法盡興以外，還面臨生活上的不便與尷尬，平常在家習慣不穿內衣的她只能拘束的穿上內衣；因為先生常常到國外出差，不時有大嫂和小叔孤男寡女同處一室的情況，每當這種時候，她只能假裝在房間裡工作或睡覺，把外面的空間都讓給小叔。沒過多久小叔順利找到工作，可是新公司沒有員工宿舍，所以小叔就這麼繼續住下去，後來妻子提出生活上的不便，畢竟是自己兄弟，她希望由丈夫開口請小叔搬出去，此時先生百般拜託，希望妻子能夠讓他一圓大哥照顧弟弟的心願。她在來信裡說，這樣的情況讓她待在自己家中都感到不自在，她很後悔當時沒有堅定的反對小叔住進來。

所以如果需要與公婆或其他家人同住，那麼雙方是否都能接受這樣的安排？有些人享受大家庭的熱鬧，有些人則更希望擁有獨立的空間。如果婚前沒有就相關問題進行討論，婚後很可能因生活習慣和期待的差異而產生摩擦。

四、家務分工：柴米油鹽的默契

家務分工是婚姻中的常見爭端來源。有些人認為，誰看到家務誰做就好，大家都是一家人，有需要斤斤計較嗎？但實際上，如果沒有明確的分工，家務往往會變成誰都不願意碰的三不管地帶；不是「誰看到誰做」，更多時候容易淪為「誰看不下去誰去做」。有位友人就曾說，有回他看到水槽裡堆著一家人用過的碗盤，他想著：「老婆不洗，我也不洗。」沒想到老婆也沒打算洗，結果水槽裡的碗盤堆了一個月，都散發異味，老公終於挽起衣袖去洗，心裡還一邊想著：「這女人果然夠狠！」

其實這樣的情況並不罕見，因此雙方可以針對幾個大方向進行討論，包括食物製備、子女或長輩照顧、維修工作、家庭活動管理、財務管理、清潔工作、購買工作、園藝工作。

我會建議，討論的時候是以工作項目作為區分，而不是以性別做為區分。意即傳統女性工作會被認定要買菜煮飯、洗碗、洗衣、整理屋子、輔導小孩課業等；傳統男性工作會被認定要負責家庭修繕、簡易水電維修、接送家庭成員等。這樣的思維容易落入性別刻板印象，反而無法做有效的分工。

有些女性並不擅長烹調，就像我，做飯慢滋味淡；有些男性非常善於帶孩子，甚至能將育兒當作專案來規畫。所以討論清楚，誰分攤哪些家務，不僅可以反映出兩人的價值觀，還能夠觀察你們如何看待自己與伴侶，像是：你比較重視自己還是對方的時間？你或是對方的生活品質哪個比較重要？

提前溝通家務安排雖然不等於婚後一定會完全照做，但切記家務分工的滿意度通常導向關係的滿意度。所以為了讓婚姻生活更順暢，啟動相關對話能有效避免這類問題在日後腐蝕你們的關係。

五、金錢規畫：共同財務信念

婚姻不僅是情感上的聯結，也是經濟上的共同體。當金錢成為兩個人共同生活中的議題時，它的影響力會被放大，如果對金錢的價值觀或使用方式存在分歧，可能會成為摩擦甚至衝突的來源。

朋友是個願意投資大量金錢在課程上，以充實自己的知識和技能的人；但他的伴侶卻不理解這種開銷，認為這筆錢應該花在其他「更實用」的地方，兩人為此爭吵不休。有趣的是，朋友告訴我，當初結婚前，對方非常欣賞他愛學習的特質，甚至認為這是一個優點；然而，結婚後，雙方的經濟關係變成共同財產，問題便逐漸浮現。

事實上，許多財務專家或婚姻顧問都指出，金錢往往是夫妻之間爭吵甚至分手的關鍵原因之一，偏偏在即將步入婚姻前，坦承相告並認真討論規畫的並不如想像得多。我問過身旁一些已婚朋友，婚前是否對此有過討論，得到的答案出乎意料。男性通常會是：「沒有特別討論，我是男人，反正她以後也要懷孕顧小孩，不就是我要養家嗎？」女性則常會有：「之前沒有特別討論，他會拿家用出來，我賺的錢就自己留著。」如是雙薪家庭，則可能是：「大概知道對方的薪水有多少，可是也沒特別討論之後怎麼用錢，結婚以後就自然有個默契，他付房貸，我付家裡雜支，水電、瓦斯那類的。至於儲蓄、投資那類的，也沒討論過。」隨著時代變化，不少女性薪資比男友或丈夫高的情況也屢見不鮮，然而在這樣的情況下，女性對於成為家庭經濟的主要提供者，有時卻顯得躊躇，和我說「多少還是會期待老公比我會賺錢。」上述的對話背後有根深蒂固的性別議題，恐怕不是在此三言兩語可以道盡。只是必須正視的是，無論誰的薪資是家庭經濟主要來源，都有伴侶隱藏的貢獻，隱形的勞動成本經常被忽略。

同時婚前就基本的金錢問題也應加以討論，像是婚前有無負債？無論是個人或承擔自家族的。結婚後，雙方的財務是否需要合併管理？日常支出如何分配？是否有共同的投資或儲蓄目標，比如買房、創業或孩子的教育基金？此外，還需要討論大額支出是否需要事先商量，例如一方是否可以自由購買奢侈品，還是需要雙方共同決定？這些看似瑣碎的問題，實際上對婚姻穩定性有著重要影響。

不同的金錢觀沒有絕對的好壞對錯，尊重並理解對方的成長背景和經歷造就現在的模樣，在進入婚姻或長期關係之前，坦誠溝通，並尋找共同的理財目標。如果可以共同學習，增進彼此的財務知識，也可以讓雙方的金錢信念逐漸靠攏。最終，金錢就會成為促進幸福的工具，而非阻礙幸福的障礙。

六、親密願景：關係經營與方向感穩定

婚前的戀愛階段，兩人通常會努力創造共同的美好時光，但婚後在日常瑣事和工作壓力下，這種刻意經營的親密感容易忽略。因此，婚前可以討論你們未來是否需要保留一

些固定的「約會時間」，比如每月外出一次，或每週安排一次共同活動，每年一次家族旅行，讓彼此感情持續升溫。

另外，還需要討論你們的溝通方式。例如，吵架時一方需要冷靜，另一方卻想立即解決問題，這樣的差異如果不事先了解，可能會導致不必要的矛盾。

結婚不僅是兩人感情的承諾，更是一個共同創造未來的起點。在步入婚姻前，討論兩人的共同目標：是否計畫買房？是否想一起創業？還是希望成為環遊世界的伴侶？這些願景不僅能凝聚兩人的力量，也能讓婚姻生活更有方向感。

婚姻是一場需要不斷磨合的長跑，而婚前的共識是這段旅程中最穩固的基石。透過以上六個話題的深入探討，一定能夠更全面地了解彼此，避免在婚後因為價值觀差異過大而產生不必要的摩擦。與其在婚後才面對現實帶來的挑戰，不如在婚前花些時間好好坐下來聊聊，這不僅是對彼此的負責，更是為未來的幸福鋪路。

作為一位婚姻過來人，我經常想，如果當時深思熟慮過這些事，也許就能看清楚很多事情。有的人會說，結婚靠得就是一股衝動，等到什麼都想清楚、講清楚才要結，那也就不用結了。現在的我則覺得，如果能在結婚前梳理過這六大核心問題，幫助雙方建立穩固的基石，那麼倆人將一起迎接婚姻的挑戰與美好；如果經此討論就發現完全無法凝聚共識，那趁早認清雙方對未來的差距，未嘗不是件好事。

同時也莫要忘記，再多的事前討論或約法三章，都不能保證一段完美且永恆的婚姻，因為人生本來就是流動的，無論你或是對方都在時光遞嬗中發生變化，不間斷的彼此關心以及互相了解對方的需求，記得當初相愛的初衷，才是維持感情品質的良方。

愛自己探索提問

1 健康透明度：我們能夠坦誠相對嗎？

我們對於彼此的身體狀況、遺傳病史、心理健康，是否已經充分理解？

如果發現影響生育或生活品質的健康問題，我們願意如何共同面對？

2 生育共識：孩子，是我們的未來嗎？

我們對於「是否生孩子」的期待是否一致？如果意見不一致，該如何協調？

我們對孩子的教育方式是否有共識？我們是否對家庭角色（如全職父母、共擔育兒）有不同期待？

3 居住與家庭關係：我們的「家」在哪裡？

我們是否對婚後的居住地有共識？是租屋還是買房？城市還是鄉村？

我們是否願意與長輩同住？如果需要，是否有明確的界線與安排？

4 家務與責任：日常瑣事，誰來處理？

我們對於家務是否有固定的分工模式，還是彈性調整？

如果雙方都在職場工作，我們如何確保家庭責任的平衡？

當一方因特殊狀況無法負擔家務時，另一方是否能夠理解並願意調整？

5 財務管理：金錢會成為我們的問題嗎？

我們是否充分了解彼此的財務狀況，包括收入、支出、儲蓄與負債？

我們如何管理婚後的財務？會採取共同帳戶、分開管理，還是部分合併？

我們是否有一致的理財觀念，例如：存款比例、投資方式、大筆開銷的決策權？

在面對突發財務狀況（如失業、經濟危機）時，我們是否能夠共同承擔與調整？

我們是否有討論過未來的經濟規畫，如買房、創業、退休計畫？

6 婚姻願景與感情經營：我們的未來如何維繫？

我們是否對未來的婚姻生活有相似的期待，例如旅行、工作發展、家庭活動？

我們如何維持感情中的親密度？是否需要固定的「約會時間」來經營關係？

當遇到重大分歧時，我們是否願意透過諮商或其他方式來解決問題，而不是逃避或冷戰？

我們對於「忠誠」的定義是否一致？哪些行為會讓彼此感到不安？

我們對於「婚姻中的個人空間」有共識嗎？如何確保既親密也保有彼此的獨立性？

從結束到新生

活出自由

PART 4

16

快速約會

所謂的「快速約會」是男女面對面，
每一輪6分鐘，一男一女單獨交談和認識，
鈴響換下一輪，整場活動下來大約會進行20輪，
是一個大量而快速初步認識異性的方式。

我對下一段親密關係的態度是什麼？準備好再進入一段新的關係嗎？離婚以後，我嘗試透過一些方法，釐清當下對感情的態度，第一個嘗試的方式就是「快速約會」。

朋友說：「忘記一段舊關係的方式就是重新開啟一段新關係。」就給了我「快速約會」的票券，鼓勵我「重新振作」。

所謂的「快速約會」是男女面對面，每一輪六分鐘，一男一女單獨交談和認識，鈴響換下一輪，整場活動下來大約會進行二十輪，是一個大量而快速初步認識異性的方式。

我上網查了報名資格——女生年齡限四十歲以下，男性年齡限四十五歲以下；當時心想：「這個約會活動對女性是不是太不友善？還是這就是普世價值的認定——女人過了四十歲在婚戀市場就失去競爭力，就不再可愛，沒有資格重新開啟一段愛情嗎？」這個資格限定令我內心起了波濤，半是惶恐芳華不再，半是對這個氛圍的憤慨。

最終我依然沒骨氣地抓著這最後的年齡限制尾巴，壓線報名「快速約會」。我沒有告訴任何朋友，包括當時提供票券的友人，一個人默默前去參加活動。

整個過程是由男生和女生分別在一條長形桌迎面而坐，一輪有六分鐘的時間相互自我介紹，鈴響後男生往右方移動一個座位，開始進行下一輪介紹，依此類推。彼此在過程中可以相互發問，做些重點紀錄，例如記下自己心生好感對象的特徵，否則一連串「男男自語」的介紹中，真的很容易把臉孔和個人特質都搞混。

雖然過程讓我覺得不自在，但不失為一個有趣的經驗。即便每個人都是帶著清晰的「聯誼」目的前來，可是展現的樣貌卻大異其趣。

有些男性很體貼，發現我是第一次參加這類活動，也願意在寶貴的幾分鐘裡提醒我後續可能會遇到的情況；像是男性遇到自己心儀的對象，會發訊息告訴對方，試探下一次見面的可能性，所以他提醒我LINE的陌生訊息接收要打開，以免漏接邱比特的箭。

現場有九十五%的男性都是工程師，告訴我他們的工作場域真的很不容易遇到女孩子，所以經常成群結隊來聯誼。當然也有不同職業身分，例如裝扮玩世不恭的髮型設計師，講起話來卻特別靦腆；還有一位看來削瘦嚴肅的學校老師，問我：「妳知道我為什麼不在學校找對象嗎？因為學校那些女老師都很沒水準，老是喜歡聚在一起討論八卦。」一開口就道人是非，搭配厭女的表情，真是令我不敢恭維。也有當場來段Rap的嘻哈男子、看來性格謹慎的醫生……一整個下午下來還頗為疲勞，差不多要把眼前的男性全部搞混。最後留下深刻印象的，是那些特別討喜的與特別不討喜的，卻不一定是心儀的。

返家後，內心突然很緊張，因為意識到自己即將面臨「市場考驗」，心想：「天啊！我該不會沒收到任何LINE訊息吧！那豈不表示我在婚戀市場毫無競爭力。」同時對自己這樣的擔心啞然失笑，因為在參加完活動後，我清楚感受到自己還沒有準備好進入一段新的感情關係裡。

重新開啟一段新關係不會讓人忘記上一段舊關係，事實上，過往的經歷不是拿來遺忘，而是拿來記取。當時我為什麼會和這個人走進關係？結果若不如預想，那我期待的是什麼？我的所思所為是離這個期待越來越近還是越來越遠？我的種種行動是基於恐懼或是喜悅？在還沒有修復好與自己的關係之前，進入一段新的關係都將重蹈覆轍；一次又一次經歷相同的情感挫敗卻無法在反思後調整，這不是幸福，相反的，下一場海嘯來襲恐怕不只重傷，或許會直接滅頂。經歷一次婚姻後，我是這樣看待親密關係的。

後來，我確實收到一些訊息，每個人的起手式都微微的尷尬，例如：「嗨，我是某某某。妳記得嗎？當時在快速約會的時候，我就是那個做某某職業的。」然後我得趕快去翻筆記本，找到對應的資訊，藉此得以喚醒記憶互動個兩句，以免場子冷掉，傷了對方自尊心。這可不是什麼救世主的姿態，而是換位思考——如果我好不容易鼓起勇氣跟一個男生攀談，他卻回我：「妳是哪位啊？那天人太多早就不記得了。」我鐵定十分失落，所以會盡量選擇聊幾句後再婉轉表達心聲。

過程中，我曾赴一位工程師的邀約，他的年齡比我小一些，引發興趣的原因是因為他的學習經歷；雖為工程師，可是他對心理學非常感興趣，後來便攻讀心理碩士，這個跨考的經驗讓同樣對心理學有興趣的我想要請益一二。

他確實不太像典型的工程師，看起來多了一些儒雅，言談也頗為誠懇。散步時他聊起自己其實不只一次參加快速約會，每經驗一次這個過程，對內在都是一場衝擊，因為每當活動結束他鼓起勇氣跟當天有好感的女孩子發出LINE的聊天訊息時，內心的小劇場就開始上演：對方會不會根本不記得我？女生會不會回絕我？或是他會直接無視我嗎？而女生回了訊息，又開始想：下一句該聊什麼好，怎樣才能讓這個對話能繼續下去而不顯得無趣。

如果有機會和對方見面，又會想，該怎麼表現比較得體，比較能為自己加分？若當下氣氛不錯，那兩個人會不會有第二次見面的機會呢？若明明感覺不錯，可是對方卻對下一次相約顯得興趣缺缺，又會自我檢討是不是當時說錯或做錯什麼而不自知。

他說參加快速約會對他來說是一次又一次的尊嚴挑戰，覺得男性在聯誼活動中的角色就像一個待價而沽的商品，從外貌、職業、家世、資產、談吐，無一不像在被女性面試官品頭論足，一旦沒被錄取，便經歷一次自我價值懷疑。

「我也有相同的感覺，當時回去也會擔心沒人發訊息給我，或是只有兩三個訊息的話，我大概也會懷疑自己的魅力。所以，很謝謝你主動發訊息給我。」我真心為此感謝。

「我覺得女生在這個過程中所感受到的壓力，跟男生是不一樣的；大多數女生只需要等待男生發訊息，再選擇要不要回覆，男生通常必須扮演主動出擊的一方。可是在一次又一次的過程中，我都漸漸懷疑自己是不是真的做人很失敗，是一個不會被女生喜歡的人。例如有些後續答應出來碰面的女生其實只是要男生請吃飯，或者是見過面以後什麼都不說便從此消失。」

這些言談內容讓我感到他有一顆特別的心，不知道是否因為學心理學的背景，他能夠辨識自身情緒，表達內在感受，同時也思考兩性在感情互動中的某種不對等，有許多男性對於辨識自己的感受，甚至進一步表達自己真實的想法，是不擅長的，他的這番言詞，也為我帶來反思與啟示。

是啊！我從初始就落入一種慣性思維——我用他人青睞與否來決定自我價值，才會覺得：「沒有男生發訊息給我可太丟臉了。」當時我對某位男士留下不錯的印象，如果能有機會進一步認識交個朋友，也就不虛此行。可是心裡有個聲音卻是這麼說的：「怎麼可以讓女孩子主動示好！回去等等吧，如果他事後沒有發訊息過來，那就表示對我毫無感覺，如若這樣，那就算了。」

這才發現自己有著如此被動且畏縮的心態，在關係裡面，若只是等在原地，怯於向前跨越一步，那麼便很難成為主動選擇的一方，反變成被選擇的人。原來我不知不覺受父權意識影響甚深，例如男性就該是主動進取、握有權力、扮演狩獵角色的一方，女性就是要溫柔得體、靜靜等待，不能表現出過於積極的態度，以免被男生看輕或不被珍惜。

這一份「看見」對我來說很珍貴，讓我反思自己受到社會性別[12]的規範之深。我們透過學習而理解社會所認可的「正確」性別行為，努力展現社會所期待的性別行為，例如女性要細膩、優雅、順從、識大體；男性要主動、積極、有領袖魅力、能賺大錢。卻忽略其中導致的偏見或歧視，也忽略在性別之前，我們首先要看見的是一個獨立個體。

萍水相逢工程師的真實透明，讓我接觸到男性另外一面，他們只是在集體陽性力量的帶動下，覺得必須展現出積極進取、無所畏懼、勇往直前的樣貌，其實心裡有很多不敢言說的脆弱，擔心會犯錯，也沒少受挫。

所以永遠不要把來到面前的勇氣、善意或溫柔視為理所當然，每一份珍貴的心意都值得被尊重，即便只是一個LINE裡的招呼，恐怕都是對方跨越內心的千山萬水後才能說出的，就算只是一句：「嗨！你好。」

12 社會性別，英文上會以gender來表示，指的是一般人在心理上認同自己屬於哪一個性別，或是在社會文化層面中認為男性及女性該表現出何種行為，或是社會對於男性及女性有不同性別角色的期待。——出自陳芬苓《識讀性別平等與案例分析．性別與性別主流化》，第8頁。

愛自己探索提問

1 我是否真的準備好進入一段新關係？

是出於孤單、社會壓力，還是真心想與另一個人分享人生？

2 在過往的關係中，我曾經因為害怕失去而勉強自己嗎？

我是否曾經隱藏真實的想法，或者忍耐一些不合理的行為，只為了維持關係？

3 「我值得被愛」這句話，對我來說有多真實？

我是否相信自己無需透過外在條件來證明自己的價值？

4 我對「愛」的定義是什麼？

我期待的是相互成長的夥伴關係，還是希望對方填補我內心的空缺？

5 在親密關係中，我更常是「選擇者」還是「被選擇者」？

我是主動表達需求，還是習慣等待對方來決定我們的關係走向？

6 我是否曾受限於社會對「男性／女性」的刻板印象，而影響我的感情觀？

我是否曾覺得女性應該被追求，男性應該負責主動，導致自己在關係中無法自在表達？

7 **如果沒有人愛我，我是否還能夠感到快樂和完整？**

我是否能夠享受自己的陪伴，而不急著尋找一個人來填補寂寞？

8 **在關係裡，我是否能夠真誠表達自己的需求，而不感到內疚？**

我是否曾經害怕表達自己的感受，擔心會被對方拒絕或認為太過「麻煩」？

9 **我對於「自信」的理解是什麼？**

自信是否來自外界認可（被愛、被欣賞、被選擇），還是來自於內在的穩定與滿足？

10 **如果此刻讓我設計自己的理想愛情，它會是什麼模樣？**

我希望對方如何對待我？我們的互動方式是什麼？而我又會如何對待自己？

17

婚戀產業發大財

當天見到本人聊天後，有些驚訝，
也開始發現約會顧問的一些「邀約溝通技巧」，
那就是顧問在邀約介紹時會著重強調對方的優點，
卻不太提及某些可能影響評價的細節。

我去了婚友社

「阿咪，走啦走啦！陪我去交友中心登記資料好不好？我想要約會，想要有新的戀情。」有天朋友這樣邀我。她離婚好一段時間，很想重新談戀愛，剛好她的友人開了一家約會交友中心，說是男會員很多，反而缺少優質女性，於是找我一起去參加她朋友開的交友中心，登記資料後他們會媒合適合的約會對象。

抵達現場後，我們各自被「顧問」帶開，一對一詳細詢問並記錄個人資料，包括年齡、身高、體重、健康狀態、個性、興趣嗜好、休閒活動、學歷、工作狀態、年收入、過往感情經歷；以及住哪一帶，是否與家人同住，有車有房嗎？擇偶有何條件，像是有沒有要求對方的年齡、職業、身高、年收入等，如果對方離婚沒孩子，或是離婚有孩子是否能接受？詢問相當仔細。不過當時只是陪朋友去，一時之間沒有想那麼多，並沒有開出什麼要求條件，以致顧問反而追問：「身高呢？身高也沒有特別要求嗎？」我當時笑笑說：「還好吧！個子比我小應該也不容易。」畢竟我號稱一五五公分，所遇過的朋友，只要是男性都比我高，所以完全沒覺得這是個需要特別提出的條件，後來才知道我可能錯了……

最後，顧問請我們返家後回傳一張滿意的照片，隨後我們的資料將會放到網站上，供付費會員瀏覽挑選。如果會員看到我的基本資料後有興趣，便可以向顧問提出想見面的需求，顧問在雙方第一次見面前，並不會主動提供彼此聯絡資訊，會從中協助雙方敲定約會時間並選定餐廳。我心想，這對我來說也是一場有趣的體驗，畢竟我從來沒有嘗試過以這樣的方式認識異性。過去我的戀愛經驗並不多，甚至可以說是很少。既然都已經離婚了，何不嘗試看看呢？於是，抱著好奇心，開始了這場探險旅程。

很快，顧問就幫我安排了第一位對象。她在網路上發訊息給我，提供男方照片，並且先以文字描述對方基本條件。這位男士從事傳統產業，是公司的股東之一，年收入大約三百萬，年紀大我一些，沒有婚姻經歷；顧問特別強調此人個性善良，頗為靦腆，希望我可以給對方一次見面的機會。我和顧問確認：「對方知道我離過婚嗎？」顧問說：「當然，我們一定會誠實告知對方的。」

可能我的「好人」性格又發作，當顧問希望我可以給這位靦腆的男士一次見面的機會，好讓他感受到鼓勵，雖然照片並不是第一眼就合眼緣的人，我還是答應了。顧問高興極了，不斷感謝，同時溫馨提醒：「不用太早到，也盡量別遲到唷。另外，一般來說，男生會付吃飯錢，我們也會提醒男生主動結帳會讓女生觀感比較好；不過還是希望您可以表現出願意付款的模樣，這樣男生的感受會比較好。」這個提醒還真是頗具深意。顯然不少女生曾經表現出兩手一攤就要對方付錢的姿態，讓男生付錢付得不甘願；同時「約會吃飯就該男生結帳」這個觀念似乎已經深植人心。

我們很快約定好見面時間。這是我第一次進行「一對一陌生約會」，所以有點摸不著頭緒。當天見到本人聊天後，有些驚訝，也開始發現約會顧問的一些「邀約溝通技巧」，那就是顧問在邀約介紹時會著重強調對方的優點，卻不太提及某些可能影響評價的細節。例如，我是碩士學歷，對方則因為對讀書沒有很大興趣，很年輕便進入職場，高職未畢業；不過也因為如此，他在傳統產業從基層做起，後來有了創業的機緣。顧問完全沒有提及學歷這點，因為我之前沒有提出學歷要求，所以當時介紹便強調他的工作穩定與收入頗豐。另外，對方有糖尿病，現在是固定服藥的狀態，我之前也未提到健康要求，這件事顧問當然也就隻字未提。

這讓我開始思考，顧問是否也會在介紹我時省略某些資訊？於是我試探性的問：「顧問可有告訴你，我曾有過一段婚姻？」他一愣：「沒有，我不知道這件事。」對方顯然感到有些意外。「不好意思，顧問說他們都會說，所以我以為這些資訊你會知道。」我猜想他此刻才知道我離過婚，沒準心都涼了一半；索性放飛自我，關閉相親模式，開啟小記者開關，詢問他在這家公司的約會經驗。這一問，才讓我瞠目結舌！

他年過四十，急於組建家庭，也想要有孩子，覺得現在生活工作的領域很難快速遇到合適的對象，便在坊間找了交友聯誼公司。首先付了好幾萬成為該中心的終身會員，接下來只要在有空的週末提前聯繫，公司便會幫他安排一個女生見面，地點就在公司裡一個簡易的辦公區，沒有門，只有簡易OA屏風隔間，交流起來音量稍微大一點，外面的人都會聽見，講起話來很不自在也挺尷尬，這麼普通的空間，每一次去尚得交幾百元場地茶水費。

初開始見到的對象都還算「正常」，他也認真在工作之餘找對象，隨著時間拉長，他發現見到的女生越來越「奇怪」，有二十出頭的小女生，跟他當初和交友公司提出的訴求不相符，因為不希望兩人之間有代溝，所以他想找的是年齡差距不要太大的對象。好幾次他感覺這些來見面的女孩，對話內容聽起來像是被找來臨時打工的，不像是來找對象的，一副搞不太清楚來這裡是與男生聯誼的；久而久之，他覺得來的人都跟自己的期待有很大的落差，就不想去了。我當時忍住沒問的是：「那你的終身會費呢？」

接著，他就在朋友的介紹之下來到現在這家公司，這家公司收費更高了，一次繳費為半年期或一年期，他可以瀏覽網站上的內容，選擇感興趣的對象，文字介紹很具體，包含對方的照片、年齡、基礎背景資料，或是顧問也會主動推薦看起來適合他的對象，這方面彌補了之前他與異性見面像在開盲盒的恐懼。不過這個次數是有限制的，依據購買的方案不同，在購買時效內可以安排見面的人數是六到八位不等。「半年內見的人不到十個要付幾萬塊？」我聽到這簡直太吃驚了！換句話說，我們倆這一次見面吃飯，對他來說基本代價就是好幾千塊，如果還得負責結帳，那金錢成本就更高。

仔細探問下去才發現，他花的錢遠不止這些。因為顧問建議他可以提供個人資訊在網站上曝光，這樣女性會員看到之後，也有可能主動提出要跟他見面，如此不僅僅是他選人，別人也有可能選擇他，這樣見面、配對的成功率就更高，不過這部分當然是要加價的。顧問同時建議他提供比較吸引人的照片，不管是放在網站上，或是顧問轉發給女性的時候，對方願意點頭出來見面的機率會更高。可是他因為平常也不太打扮，也沒什麼「厲害的」照片，於是顧問就告訴他：「沒有關係，我們提供專業形象與攝影服務。打造最合適於你的穿著，並且有專業攝影師幫你拍自然又好看的照片。」想當然耳，這也是收費項目。

於是他又花了萬把塊加購攝影服務。抵達現場時已經有化妝造型團隊與攝影師等著他，從妝髮到衣服、褲子、鞋子一應俱全，他也順利拍了形象照。照完後，顧問說：「這幾套服裝都是專門依據你的身型搭配，非常適合你喔。如果喜歡，今天也可以一起買回去，這樣之後跟女生約會見面不用想，直接整套穿出去就可以。」他覺得顧問的建議不無道理，畢竟自己確實不擅長打扮，於是又花了幾萬塊買了兩三套衣服。

「像我今天穿的這一套就是上次他們幫我搭配的。」他表情認真地說。

我聽到這兒下巴都要掉下來！真不知道該誇獎他會賺錢，還是該說他很好哄，或者一切起因只是他太渴望結婚生子，只要能加速這一切的發生，在能負擔的範圍下他都願意掏腰包。

「所以和我見面是因為你在網站上看到我的資料嗎？」我好奇追問。

「不是，妳是顧問主動推薦的，我看照片和介紹覺得好像也可以，就想說來試試看，所以今天也是我加入這裡會員兩個月後第一次跟人見面。」他如是說。

難怪顧問一直希望我跟他見面，好說歹說要我給予對方鼓勵，要是持續沒有人願意跟這位靦腆的男子見面，隨著他購買到期日越來越逼近，公司對這位花了一堆錢的尊貴會員都要交代不過去了。

「目前整體感覺還不錯，從相約到見面的整個過程，顧問都有發訊息提醒，我覺得他們服務很好。實際見到面聊過天，覺得本人和照片或者是介紹說明沒有很大的落差，是可以安心的。整體感覺比之前那一家聯誼公司好很多。」他繼續分享用戶體驗。

「大哥！你也花了更多錢啊！」我在心裡嘀咕。

最終這位年收入三百萬的男子還是負責結帳，沒有讓掏出錢包的我拿出鈔票；因為我們住家位置在同一個方向，他還紳士地招了計程車共乘。下車前我允諾會傳「快速約會」的報名網址給他，希望協助他不花大錢加速認識異性，並祝福他快速脫單。

這場聯誼經驗讓我對戀愛交友中心的運作方式大開眼界，不知道接下來會遇到什麼樣的人呢？

我這樣的人，沒想到妳竟願意見

當我得知男士在約會上投入的成本如此之高後，我開始不敢輕易答應顧問的見面邀約。畢竟，我只是抱著體驗的心態，並沒有急著尋找伴侶，而這些男士卻要花費數千元才能見女生一面，這讓我感到不好意思。

然而，有位男士是在我與第一位約會對象見面之前就已經約好的。顧問大力稱讚這位男士——樂觀開朗、有正當職業，且有運動健身的習慣。同時告訴我，他雖是離過婚並帶著孩子的父親，但特別強調孩子非常支持父親發展新的關係，甚至鼓勵他尋找第二任太太。所以無論是戀愛還是婚姻，未來都能獲得孩子的全力支持。連一般人可能會在意的「後媽問題」，顧問都提前做了心理建設，讓我不得不佩服他們對人性的掌握。出於好奇，我決定接受這次邀約。

經歷過第一次見面，我才知道原來餐廳並不是男方自行選擇的，而是由顧問提供名單。第一次約會時，我與對方選了一家距離彼此住處都很遠的餐廳，舟車勞頓地赴約，才發現這並非對方的本意。因此，這一次我主動提議在離家五分鐘車程的地方見面，飯後還能悠閒地散步回家，感覺輕鬆許多。

這位男士比我更早到達，選了安靜的座位，並將菜單擺好。他果然如顧問所說，陽光開朗、談吐爽朗，愛笑且親切。短暫寒暄後，他坦言：「當顧問告訴我妳願意見面時，我很驚訝，沒想到妳會願意和我這樣的人見面。」

「什麼意思？你覺得自己是哪種人？」我好奇地問。

「我不高，離過婚，還帶著一個孩子。而妳看起來條件很好，我以為妳不會願意見面。」

事實上，顧問在做基本介紹時，當然沒有提及身高一事；也因為見面時他已經入坐，我並未意識到身高問題，直到我們起身離開時，才發現自己穿著四公分厚的休閒鞋，已經跟他一般高了。這讓我回想起最初顧問詢問對約會對象是否有身高要求時，我當時不以為意，沒想到這確實是對某些男性來說頗具影響的因素。我也開始理解，原來許多個子不高的男生在擇偶時會有自卑感，而這種自卑並不一定會直接表現出來，但確實存在於心底。

對話中我能感受到他原生家庭的溫暖與和諧，而當話題轉向他的婚姻，他則顯得有些落寞。只是輕描淡寫地說，離婚的原因主要在他自己。當時他在公司擔任重要職位，時常派駐國外，一離家就是好幾個月，無法好好陪伴妻子。他想的是多賺點錢，養家養孩子養老婆，可是久而久之，妻子因為寂寞而選擇了別人，最終離婚收場。

我問他：「那現在還有聯絡嗎？」

他搖頭：「完全沒有。她決定離婚後，甚至連孩子也不要了，從此不再聯繫。」

這讓我有些驚訝，原來他的孩子很小時就沒有再見過母親。他補充說：「離婚後，我跟公司請調回台灣，薪水雖然不如外派多，但現在孩子只剩爸爸，最重要的是能好好陪伴孩子。」他甚至提到，這次見面前，他的兒子還在網站上看過我的資料，覺得不錯，便極力鼓勵他來見我。他笑著說：「沒想到妳竟然真的答應了。他知道我今天要來跟妳吃飯，要我好好表現。」

在談話間，他分享了一次不太愉快的約會經驗。他曾與一位女生初次見面時感覺不錯，便約了第二次見面；女生答應了，但指定去一家昂貴的無菜單料理餐廳。他以為對方只是單純想吃好料，便欣然接受，卻沒想到餐廳價格高得驚人，而對方在結帳時，理所當然地等著他買單。後來，他才知道這位女生的職業與她跟顧問說的有出入，實際上從事的是不穩定的接案車展模特兒，甚至可能是專門參加飯局約會的女孩，這讓他感覺被欺騙。

這次經歷讓我開始思考，我們是不是從來都不知道如何在平等的男女關係下談戀愛？許多男性對自己的身高、外貌等外在條件缺乏自信，卻又無法明說，於是透過金錢來展現自身價值。然而，這樣的心理狀態也容易讓他們成為某些人的目標，被利用或欺騙。

同樣地，女性或許也在利用自己的優勢——無論是美貌、溫柔，或其他特質，在擇偶市場中試圖獲取某些利益。最終，這場男女之間的角力，往往不是基於真實自我的展現，進而吸引了對方；而是透過某種策略來博取機會，甚至帶著交易的意味。

愛情或婚姻當中確實存在價值的交換，但在我看來這樣的價值的核心是源於坦然接受自身真實的樣貌，而不是奠基於他人的肯定。所以永遠要讓自己充滿快樂、充滿價值。

雖然我內心清楚，自己尚未準備好進入一段新的感情，因此決定暫停我的聯誼探索，不再繼續接受顧問的約會邀請。然而幾次下來也更加明確自己在下一段關係中需要的是什麼，無論是對方的性格、價值觀、生活模式都有了更清晰的輪廓。

這個對象若沒有出現，不等於我沒有價值。一如那位帶著孩子的父親，雖然他自苦於身高和離婚，但我認為他的條件是婚戀市場中具有優勢的——穩定的工作、溫暖的家庭氛圍、與兄弟姊妹關係良好、和兒子關係親密。從他的言談中，我能感受到他對家庭的重視，以及對兒子的用心。雖然並未進一步接受他後續的示好，那也只是我個人時機未到，完全無損於我對他的高度肯定。

從前的我也許會覺得感情世界中能被他人喜愛接納方才彰顯自己的價值。參與快速約會、交友聯誼活動下來，更確定了世界上還有所謂的「緣分」。最合適的有緣人，會在對的時機出現——那便是我內在安定與清晰的時刻。他一旦出現，必然會被我認出。

這個人不是出現來填補我生命的空缺，而是既能增加彼此生命廣度，還能減少彼此生命磨損，兩個各自完整的個體。

愛自己探索提問

1 我的「市場價值」真的能決定我的幸福嗎？

社會可能給予某些條件（年齡、外貌、職業）不同的「價值標籤」，但這些是否真的能衡量我的幸福？我如何看待自己的獨特價值？

2 「條件匹配」比「心靈契合」重要嗎？

在篩選對象時，我更重視對方的社經地位、外表，還是價值觀與相處模式？長期來看，哪一種匹配更重要？

3 我在戀愛市場上的「需求」和「被需求」之間平衡嗎？

我期待對方帶給我什麼？對方可能期待我提供什麼？這是一場公平的交換，還是帶有不對等的期待？

4 我對「愛情的成本」有清晰的認知嗎？

是否考慮過情感、金錢、時間的投資與回報？這些投入是出於真心，還是來自普世價值認為你「應該」？

5 我曾因為「不想傷害對方」而委屈自己嗎？

面對不適合的約會對象，我是否因為不忍拒絕或怕冷落對方而勉強自己接受？這樣的「善意」真的對雙方有益嗎？

6 我會因為「錯過機會」而恐慌嗎？

我是否擔心自己的年齡、外貌或條件不夠好，而在擇偶時降低自己的標準？

7 「等待被選擇」和「積極選擇」的差別是什麼？

我是處於被動的「等待」模式，還是能夠主動去尋找適合自己的人？如果一直等著「對的人出現」，這樣的心態會如何影響我的關係？

8 如果不以「找到對象」為最終目標，我還可以如何經營自己？

除了戀愛和婚姻，我還有哪些方式可以讓自己擁有滿足感？有什麼興趣、目標或人生方向，能讓我在單身或關係中都覺得踏實？

18

「性」福的期待

伴侶關係是動態的，
如果彼此能夠持續探索與溝通，
也願意接受並適應這些變化，
關係才能夠長久。

許多人在生活中的溝通因為諸多顧慮而有所避諱，進入親密關係後，這種不敢表達的狀況往往更加明顯。更不用說，從小被避而不談的「性」，當我們成長後是否真的敢開口討論呢？

是的，不敢！

台灣長久以來是避談性欲的，過去的我面對欲望會感到迷惑甚至羞恥，不曾坦然面對自己的生理反應與情感需求，因此也不會主動和朋友或伴侶討論這方面的事情。直到近幾年，透過閱讀，才慢慢體認性與愛不僅是身體的需求，更是心理的探索。隨著二〇二三年台灣大規模的 #MeToo 效應，勾起過往曾遭遇性騷擾與約會暴力的創傷記憶，愈發意識到我們都需要更坦然面對自己的欲望與創傷，才能找到與自己，甚至是與伴侶真誠相處的方式。

一位聽眾朋友曾經分享，她在很年輕的時候聽從父母之命、媒妁之言結婚，此前完全沒有戀愛與性方面的經驗與知識，婚後夫妻多次嘗試懷孕未果，她覺得不孕問題大概出在自己身上，最終兩人走向離婚一途。離婚一段時間後她有了新的對象，當兩人發生關係時，她才發現自己因為陰道前膜[13]破裂而落紅；原來在第一段婚姻中的懷孕問題，起因竟是雙方對「性知識」與「性姿勢」的認知不足。

這個案例聽起來或許有些不可思議，但在許多長期關係或婚姻中，類似的狀況並不罕見。每個人對於性愛的理解與需求各有不同，當雙方於此不能得到平衡，關係便可能陷入困境；此時的關鍵不在於「做不做」，而是雙方是否有足夠的溝通，共同面對問題進而解決。

無性關係行不行？

「看我的孩子幾歲，就知道我幾年沒做愛了！」同樣的話，不約而同聽過男性與女性這麼說。他們並不是一對夫妻，而是分別處在兩段無性婚姻的人妻與人夫。

一位人妻眼眶泛淚說：「我也是有需求的，可是我老公好像都不會想要。這些年來我經常使出渾身解數來『勾引』他，有一次我穿性感睡衣走到他面前，他竟然只是冷冷地說：『又在發什麼神經，衣服布料這麼少妳是不會冷嗎？』或是我去抱他、親他，他就說：『我看到妳就是沒感覺，趕快睡覺不要再煩了。』我的心已經快要放棄了。」

一位人夫憤懣地說：「孩子出生以後，每次提出想要做愛，她就有各種藉口推託，一下說太累，一下說沒感覺，一下說改天，反正她總有各種說法。她覺得辛苦的地方我都認真想辦法共同分擔，對這個家我也不是沒在努力，可是她永遠都在拒絕。我是有這麼糟糕嗎？我也是有尊嚴的好嗎！現在也不提了，就這樣吧！不做就不做，我自己來。」

與此同時，我也聽過一位女性友人說：「我和丈夫是柏拉圖式的愛情，我們永遠有談不完的話題，每天晚上相擁而眠，聊天聊到睡著。我們不做愛，對此也沒有特別的欲望。只是最近我們想要有個孩子，看來得為此努力一下。」說完俏皮一笑。

顯然一些人認為，缺乏性生活不會影響感情，因為愛不一定需要透過性行為來表達；但也有許多人覺得，沒有性生活的親密關係，將使彼此逐漸疏遠，甚至變成「室友關係」。

實際上，許多伴侶之間的矛盾，並不是來自於「有或沒有性生活」，而是彼此的期待不一致。舉例來說，一對夫妻可能在婚後仍然維持每週一次的性生活，但其中一方卻覺得這樣的頻率過低，而另一方則認為已經足夠。如果這樣的矛盾沒有討論與解決，其中一

---

13 位於陰道口的環狀軟組織。由於舊時認知錯誤，將此組織的完整性視爲女性未有性行爲經驗與潔身自愛的象徵，故稱爲「處女膜」。西元二〇二二年因應民間團體倡議與民情輿論之連署陳請，認爲人體器官之命名不該帶有性別歧視的價值觀而要求更名。醫學上稱爲「陰道前膜」，也稱爲「陰道瓣」、「陰道冠」。

方可能會選擇尋求其他途徑來滿足需求，像是外遇、花錢一夜情，或者選擇壓抑自己的欲望，最終對這段關係感到失望。這也反映了網路上經常出現的討論：「明明夫妻生活正常，為什麼對方還會有人偷吃？」

性愛的本質，不只是「做不做」，而是雙方在身體、情感與心理上的連結。隨著關係的發展，性愛的模式可能會改變，同時也會遇到挑戰，常見的有：

環境因素：例如小孩在家，或家庭空間太小，導致性愛變得困難。

心理壓力：例如工作壓力、健康狀況或情緒影響，讓人提不起興致。

期待不同：例如男性可能期待女性主動回應，而女性可能覺得性愛應該是由男性主導。

不再新鮮：長久的伴侶關係，可能讓性生活變得如例行公事，失去激情與刺激。

伴侶關係是動態的，如果彼此能夠持續探索與溝通，也願意接受並適應這些變化，關係才能夠長久。

嘗試以下幾個方法或許可以幫助彼此重新找回親密感：

建立開放的溝通習慣：不要害怕談論自己的需求，同時傾聽伴侶的想法，找出彼此能接受的方式。

探索不同的親密方式：性愛不只一種形式，可以透過擁抱、愛撫、親吻等方式來維持親密感，而不只是追求單一的行為。

調整對性愛的期待：長期關係中，激情可能會減少，但親密感可以透過新的嘗試與創意來維持，例如嘗試不同的環境、加入新的元素輔助等。

不要讓性愛成為權力工具：有些人會利用性愛作為獎勵或懲罰，例如：「你今天惹我生氣，所以你別想碰我。」這種行為可能會導致關係中的權力不平衡，進一步影響雙方的感情。

性愛在伴侶關係中扮演重要角色，但它並非唯一的親密表達方式。如果雙方都能夠以開放的態度面對彼此的需求、願意溝通並找到適合自己的方式，那麼性愛的頻率、方式甚至是否發生，都不會成為破壞關係的問題。

開放式關係治百病？

「雖然伴侶都不跟我做愛，可是我知道我們之間依然有愛，我是不是可以選擇『開放式關係』，尋求另一種發展的可能性，來穩定跟現在伴侶的關係？」有聽眾朋友曾經這麼問過。

什麼是開放式關係（open relationship）？是指一種非單一配偶的關係，處在這種關係的彼此接受或容許雙方或僅只其中一方與第三者或是不只一人發生性關係或浪漫關係；亦即雙方都知道對方的其他伴侶關係、性伴侶對象，並且彼此約定同意。

至於開放式關係對雙方情感是加分還是扣分呢？在探討這個問題時，應該回到更根本的層面來思考——想要開放式關係的內在動機是什麼？

如果覺得在這樣的關係形態中能夠更自在、更快樂，能夠完整地做自己，並且沒有內心的恐懼，那這樣的選擇可能是適合你的。但如果驅動力來自於某種不安全感，例如：「如果我的伴侶有一天不愛我了怎麼辦？我得確保對象不只一個人。」「我需要有備胎，想要人陪的時候都會有個對象在身旁，以確保自己不會孤單。」那麼這樣的關係可能更多是出於恐懼，而非真正的自由。

有些人誤以為開放式關係只是「自由自在地玩樂」，但其實真正的開放式關係需要極高的透明度和信任感。真正的開放式關係並不是單方面的自由，而是雙方（甚至多方）在充分知情並同意的情況下，共同建立的一種關係模式。這代表每次與新對象見面、發展，都需要和伴侶事先溝通，確保對方同意並理解。

然而，許多人其實並非真正處於開放式關係，而是「單方面的開放式關係」，也就是說，一方和不只一位對象自由戀愛，而另一方卻蒙在鼓裡；這與開放式關係的本質完全不同，甚至可以說是一種欺騙。

開放式關係的另一個核心問題是——自己真的能在這樣的關係中做到內外合一嗎？換句話說，這種關係是否能讓你感到內心平衡，而不會帶來額外的精神壓力？如果這個選擇讓你無法坦蕩地與伴侶分享，擔心對方心裡不舒服，以致更多時候需要隱瞞或欺騙真實的內在感受，那麼這樣的模式不僅無法重啟親密關係中的想像，反而可能引起長期的內耗。

除此之外，開放式關係也會帶來心理層面的挑戰。例如，有些人當初信誓旦旦地認為自己可以接受，結果當伴侶真的開始與別人建立關係時，才發現自己無法承受那種嫉妒或不安的情緒。這也突顯出，在進入這種關係前，需要對自己有極高的誠實度，也需要極佳的溝通能力。

因此，無論是選擇一對一的親密關係，還是開放式關係，真正的關鍵在於：我們是否足夠了解自己的需求，是否能夠坦誠地面對自己的內在驅動力？這種選擇是否能帶來真正的滿足，而非潛在的恐懼？在每段關係中深思這些問題，而不是輕率地跟風或逃避個人內在的課題，才是維持內在成長與關係和諧的關鍵因素。

讓性回歸理解與尊重

性教育的缺失，導致許多人避談此事，以致對自己的身體、欲望感到陌生或羞愧。事實上，每個人對性與愛的需求不同，關鍵是要了解自己的狀態，並找到適合自己的方式。例如有個典型的迷思是：「男人因性而愛，女人因愛而性。」這樣的刻板印象不僅限制了男性，也讓女性對自己的欲望感到迷惑甚至羞恥。性與愛的關係其實是多元的，有人需要愛才能享受性，有人可以分開看待，兩者都應該受尊重。

首先要認知——「性」不該只是「笑話」，而是親密關係的核心。討論這個話題不需要感到羞恥，也不該將之視為茶餘飯後的輕佻笑料，明白性愛是生理需求，更是情感的連結；無論活到什麼年紀，親密關係依然可以重新探索與學習。

再者，不同的性偏好不是「變態」，而是需要理解與溝通。例如BDSM[14]，許多人聽到的第一反應可能是「這人是虐待狂嗎」，或者「聽起來好變態，這人精神有問題吧」。這時，伴侶的態度便成為關鍵，是選擇羞辱對方，還是嘗試理解並找到彼此都能接受的方式來相處？如果能做到不否定或壓抑個人的性需求，而是找到合宜健康的溝通方式，那麼必能使雙方在關係中感受到尊重與滿足。

性不只是「生理需求」，更是關係的一部分。無論是戀人、夫妻，甚至是單身者，每個人都應該有機會理解自己的身體、探索自己的需求，並在愛與尊重的基礎上，與他人建立更深層的親密關係。當性問題不再是禁忌，當彼此的需求被看見與接納，相互理解的對話才有可能產生。

---

14 Bondage and Discipline, Dominance and Submission, Sadism and Masochism的縮寫，意指束縛與調教、支配與服從、施虐與受虐等一系列涉及身體和心理方面的互動和角色扮演。安全、信任和互相同意是核心原則，常見的做法之一就是在事前溝通設立「安全詞（safe word）」，以確保雙方能在過程中立即喊停。

愛自己探索提問

1 我對「性」的觀念是如何形成的？

我的成長背景、文化或教育是否影響了我對性與親密關係的期待？

2 我是否能自在地與伴侶討論性需求與期待？

我是否害怕或尷尬談論性？這種不敢開口的感覺來自哪裡？

3 我是否在親密關係中感受到滿足與尊重？

我是否曾在關係中感到委屈、被忽視或被迫遷就對方的需求？

4 我如何看待「無性關係」？

在一段關係中，我是否能夠接受沒有性生活的模式？如果不能，這對我來說代表了什麼？

5 性在我關係中的角色是什麼？

它是情感的表達？是親密感的象徵？還是僅僅是生理需求？

6 **我能夠接受自己與伴侶之間的差異嗎？**

如果我們的性需求不同，我會選擇壓抑自己、忽略問題，還是願意和對方溝通找到平衡？

7 **我是否曾經因為「社會期待」而影響了自己的性選擇？**

我是否曾勉強自己符合某種性別角色期待，例如「女生應該矜持」、「男生應該主動」？

8 **在親密關係中，我有設立界限嗎？**

如果伴侶的需求讓我不舒服，我是否敢表達拒絕？我是否曾因為害怕對方失望而勉強自己？

9 **我是否對性有不必要的羞愧感或恐懼？**

我是否覺得談論性是「羞恥」的，或者害怕探索自己的需求會被他人批判？

10 **我如何看待「開放式關係」或其他非傳統親密模式？**

我能接受嗎？如果不能，這是因為個人選擇，還是來自社會價值觀的影響？

19

爲什麼我們需要一段親密關係

如果我們選擇進入親密關係，也應該理解，
這並不是用來填補空虛或解決寂寞的方式，
而是兩個獨立完整的人，透過深度連結，
一起成長、互相映照彼此。

「人真的需要一段親密關係嗎?」

離婚後，我曾經懷疑自己是否還需要愛情。單身確實讓人輕鬆自在，沒有承諾的束縛，沒有爭吵，也不必擔心情感的消耗。但另一方面，我也發現，當我看著身邊成雙成對的人，或是夜深人靜時，仍會浮現一絲孤獨感。我不禁思考，親密關係對人類而言，究竟是必要的，還是只是一種社會文化的產物?

心理學家約翰．鮑比（John Bowlby）的依附理論（Attachment Theory）指出，人類天生具有依附需求，這不只是嬰幼兒對母親的依賴，而是貫穿一生的心理需求。正因如此，當我們感受到愛與被愛時，內心才會獲得穩定的安全感。因此無論是親情、友情，還是愛情，我們都渴望與他人建立情感連結。有一個末日電影中常見的橋段，當主人公發現世界只剩自己時，他們的第一反應是瘋狂地尋找其他人，哪怕只是與陌生人對話也好。我們的存在往往需要透過他人來映照與確認，才能感受到自己的真實性。一如英國詩人約翰．多恩（John Donne）的名言：「沒有人能夠是一座孤島。」

然而，親密關係與其他社交連結有所不同。家人之間的關係通常基於血緣，較少有「選擇性」的成分；朋友則提供陪伴與支持，但缺乏長期的共同承載。而親密關係，則是一種基於「雙向選擇」的深度連結，它讓我們得以在最真實的狀態下與另一個人交流，並且透過這樣的關係，更深入地認識自己，甚至透過對方看見那些自己都不曾察覺的性格特質，這些獨特的稜角不僅被看見還被接納，這提供一種全然不同的歸屬感。

那麼，如果選擇單身，是否就會失去這種連結感？事實上，答案是否定的。即使沒有伴侶，我們仍然可以透過親密的友情、與家人建立更深的情感聯繫，甚至透過動物陪伴來滿足依附需求。心理研究指出，能夠擁有分享不同情感的多元關係，比起只有一個最愛的人，更能提高生活滿足度，感到更幸福。這樣的關係稱為情緒關係（Emotionships）。

我們在關係中有不同層面的需求期待得到滿足，例如：物質層面，即經濟保障；生理層面，即身體上的付出與勞動，像是性或家務；情感層面，即相互愛護、傾聽與支持，滿足心理上的情感需求；成長層面，雙方共同學習與成長，實現個人價值的進步。

然而，我們對親密關係的期待，往往超出了它本身的範疇。它固然提供單身時更多情感上的穩定與支撐，但我們可能將物質、情感、成長等多方面需求全部投射到伴侶身上，期待他或她成為完美的存在，這種過度投射會讓對方難以承載，甚至導致最初的愛慢慢轉化為怨恨。事實上，這些需求本可以在多種情緒關係中分散完成，比如朋友、家人、同事，而不是全寄望於親密關係中。

而如果我們選擇進入親密關係，也應該理解，這並不是用來填補空虛或解決寂寞的方式，而是兩個獨立完整的人，透過深度連結，一起成長、互相映照彼此。

《中年之路》曾提到，中年婚姻的轉變包含三個必要步驟：

- 雙方都必須為自己的心理健康負起責任。
- 雙方都必須承諾分享個人的經驗世界，不因過去的創傷或未來的期盼而責怪對方。同樣地，他們也要承諾，會努力地以不批判的態度來聆聽對方的經驗。
- 雙方都必須承諾維持長期的對話。[15]

即便不是走入婚姻，一段健康的親密關係仍然需要兩個人共同成長、互相調整，但並不意味著任何一方要失去真實的自我。像跳舞一樣，親密關係需要彼此找到節奏，而非一方完全迎合另一方。

進入一段親密關係，是一種承諾，不僅僅是口頭上的，而是一種內在的準備。我們願意探索彼此，也願意直面關係中美好的與不美好的面向。這樣的深度連結，讓我想到《小

15 《中年之路：穿越幽暗，迎向完整的內在鍊金之旅》，作者：詹姆斯·霍利斯，2024/06/05楓樹林出版社。第110頁。

王子》中小王子與他的玫瑰花。全世界有無數的玫瑰，但小王子唯獨與他的玫瑰建立了獨特的關係。因為這段連結，他學會了承諾，學會了包容，並認識了自己的情感。

親密關係的本質，是一場雙方共同的自我探索之旅。我們從中發現自己的陰影與深層面向，在彼此的陪伴中找到生命的意義與豐盛，這便是這份連結的美麗所在。

愛自己探索提問

1 我的下一段關係，應該是什麼樣子？

我希望這段關係帶給我什麼？是情感上的安全感、生活上的陪伴，還是單純的激情？這與過去的關係有何不同？

2 我對愛情的期待，來自自己，還是社會的框架？

我渴望談戀愛，是因為內心真的想要，還是因為「到了這個年紀應該有人陪」？我是否受到了家庭、社會對「穩定關係」的期待影響？

3 我能夠接受新伴侶與過去伴侶的不同嗎？

是否仍然在潛意識裡，以過去的關係來衡量新對象？如果新伴侶的特質與前任完全不同，我能夠真正接納，而不是比較嗎？

4 單身的我，和戀愛的我，是否有不同？

「單身」對我來說是一種等待？過渡？還是獨立選擇的狀態？如果不去談戀愛，我的生活會失去意義嗎？

進入關係後，我是否會失去某些單身時期的自由、興趣或習慣？如何確保我仍然能保有自己的空間？

5 這段關係是讓我變得更完整，還是變得更焦慮？

這段關係讓我感到安心，還是充滿不安與患得患失？這段關係是建立在彼此尊重、理解與共同成長，還是無形中存在著權力不平衡？

6 我是否能接受不再擁有「完美的愛情故事」？

經歷過婚姻後，我對愛情的期待是否改變？是否還在追求一個「理想」的愛情，而忽略了現實中更適合我的相處模式？

7 如果我選擇不再進入親密關係，我的生活還有什麼選擇？

如果我決定不急於進入下一段關係，單身生活有哪些美好的可能性？我是否能夠擁有屬於自己的快樂，而不依賴伴侶來滿足？

20

重新看待分手

真的想結束一段關係，
最成熟的方式就是坦誠面對自己的內心，
勇敢表達自己的真實想法；
但依然要站在對方的角度思考，
避免使用帶有攻擊性或批評的語言。

分手，這個在人生中或許無法避免的課題，常常充滿著複雜的情感交織。年輕時候經歷過戀愛分手，中年又經驗夫妻仳離，究竟真有所謂「漂亮的分手」或「儀式感的分手」嗎？

我想，只要以成熟的心態處理分手，讓自己在關係結束後仍然能夠坦然前行，就是一個理性且健康的過程。而當中有三個重要的態度：

一、不要預設分手的模式

我們常常對分手抱有某種特定的期待，認為分手應該以某種「劇本」進行，比如情感充沛的道歉、淚流滿面的挽留，甚至一頓儀式感十足的告別餐。然而，真實生活中的分手，往往並非如我們所想像的那般「戲劇化」。

曾有朋友分享她的分手經歷。某一天，對方突然說「明天見一面吧」，她並未多想，第二天晚上在自家樓下見面時，對方一句簡單的「我們分手吧」，便結束了整段感情。沒有眼淚，沒有深情回憶，甚至連一頓餐都沒有。朋友當時感到非常錯愕，甚至試圖用「最後一次陪我去買宵夜」的要求來延續這段已然破碎的連結。然而，對方卻立即表示「給錢，剛剛的粥五十元」。這種迅速劃清界限，近乎冷酷的分手方式，讓朋友久久無法釋懷，但事實上，對方只是用自己認為最直接的方式表達了決定。

分手並沒有固定的形式，與其糾結於對方是否按照我們的期待進行分手，不如試著接納事實本身。因為過分追求形式或儀式感，反而會讓我們更難走出情感的陰影。

二、誠實面對自己，不要強迫當「好人」

分手的另一個挑戰在於，當你是那個提出分手的人時，可能會陷入「想當好人」的心態。為了避免傷害對方，或者想讓自己看起來更有道德感，我們常常選擇隱忍不說，或者捏造一些冠冕堂皇的藉口。

年經的時候經常聽到友人「被分手」的說法是：「我最近要專心準備考試，實在無法兼顧感情。妳不用等我，就去找一個能好好陪妳的人吧！」這種理由表面上聽起來合理，但實際上是對自己的不誠實。更糟的是，這種模糊的藉口可能讓對方心存幻想，誤以為等考試結束後，感情還有可能繼續。殊不知，昨天才說要專心讀書準備考試的人，很可能隔天就被目睹挽著新對象出現在街頭。

所以，真的想結束一段關係，最成熟的方式就是坦誠面對自己的內心，勇敢表達自己的真實想法；但依然要站在對方的角度思考，避免使用帶有攻擊性或批評的語言。分手本就已經痛苦，若我們能以減少對方情緒傷害的方式進行溝通，這不僅是對彼此情感的尊重，也是一種負責任的態度。

或許你害怕直白的提出分手會顯得無情，但其實，拖延或隱瞞才是對雙方更大的傷害；但也不能因此放任情緒，過於隨意地找理由分手。誠實面對自己的感情，有意識的溝通，對彼此都更公平，也能避免讓對方陷入無止境的期待或糾結中。

三、不要過度糾結分手的理由

分手後，許多人會反覆咀嚼對方提出的分手理由，試圖找出「真相」。但事實是，分手的理由往往不只有一個。對方所說的可能只是其中之一，甚至只是在不斷逼問下找個理由填補對話的空白而已。

有時候，分手的理由可能是「不愛了」；有時候，可能是對方經歷了一些迷惘或壓力，讓他無法繼續投入感情。還有些情況則更複雜，比如對方出於愛而選擇分手，因為他認為自己已經無法再有未來。

這是我幼年時鄰居的故事，有一對鄰居夫妻平素感情和睦，也育有可愛的孩子，丈夫卻在壯年時被診斷出癌症。他當時毅然選擇和妻子離婚，原因是他不想讓妻子在他過世後，因為遺孀的身份繼續承擔照顧公婆的義務，或是背負著某家未亡人的頭銜，在未來無法擁有新的感情。他希望妻子能重新開始，擁有新的生活。這種選擇，表面看來冷酷，但其背後卻是一種深沉的愛與考量。

所以，與其執著於分手「真實而確切」的理由，不如嘗試接納事實：對方不想再繼續這段關係，而理由可能並不重要。往日的濃情密意確切存在，而現在的分手也真實發生，當我們學會放下對理由的糾結，也能更從容地接受感情的結束。

接受不可避免的疼痛

分手，無論以何種方式進行，都不可避免地伴隨著疼痛與失落。它就像突如其來的暴風雨，即使我們對著天空怒吼，風雨也不會因此停止。但成熟的分手，並不意味著完全不痛，而是學會坦然面對這些情感，並在疼痛中成長。

如何在分手後自我修復，而不是長期陷入回憶與痛苦中，甚至覺得無法繼續生活？這時候，我們需要重新看待分手的意義。過去的感情，無論好壞，都是生命中的一部分；與其埋怨和後悔，不如嘗試感謝這段經歷，謝謝它曾經帶來溫暖與陪伴。

離婚後我有更多的時間回到原生家庭，愈發深刻理解家人對我的愛與支持，我們也一起創造更多珍貴的對話與記憶，豐富彼此生命中的一部分。如果沒有經歷這些感情的挫折，我可能沒有機會更深刻地理解家人，也沒有機會在自己的命運軌跡中創造新的可能性，這也是我感謝的一部分。

分手是一堂必修課，帶來的不僅僅是眼淚與遺憾，還有無限的可能性。透過不逃避、真誠有意識的溝通，我們可以更成熟地面對關係的結束。同時，這段經歷也能讓我們更深入地認識自己，重新建立與他人的連結。

也許你和我一樣，人生因分手而留下傷痕，但這些傷痕，正是蛻變的印記。從中學習、成長，將這份智慧分享給更多人，是我們能為自己和他人做的最有價值的事情，這也正是這本書出版的原因。

友人J喜歡研究佛法經典智慧，她和我分享了一個佛家的觀念，叫做「隨業不隨能」。這句話大概的意思就是：一個人會遭遇到什麼，其實是隨著他的業，而不取決於他的能力。

比方說當我們爭取一個機會時，如果你失去了這個機會，而其他人獲得了，那並不表示你的能力比對方差，而是在業的角度看來，他更需要這個機會，他必須獲得這個機會，進而在當中去面對他應該要學習的功課；而你看似失去這個機會，實際上這也是你的業，你必然會在這個情境中獲得你需要學習到的課題。

無論你正面臨分手，還是已經走過這段路，又或者此刻你正遭遇一些磨難，我想要說的是──不是因為你特別失敗、也不是你能力不夠，而是因為你遭遇的這些事情正是你所需要，它能夠提升你的心智，使你變得更加不同。請相信每一段經歷的結束都是一個新的開始，帶領我們重新認回本自俱足的自己，即便那可能是一個外包裝不太漂亮的珍貴禮物，但都是為你而來，而非衝你而來。

祝福你。

愛自己探索提問

1 我對分手的期待是什麼？

我是否曾希望分手能夠以某種「理想的方式」進行，而這種期待是否讓自己更難走出傷痛？

2 我是否曾因害怕傷害對方，而選擇不誠實地分手？

在過去的關係中，我是否曾使用模糊不清的藉口，而不是坦率地表達真正的感受？

3 我是否將分手視為「失敗」？

分手是否讓我覺得自己不夠好、不值得被愛？我能否轉換角度，將它視為人生的一次學習與成長？

4 我是否過度糾結對方的分手理由？

我是否不斷回想對方的話，試圖尋找更「真實」的原因，而忽略了關係已經結束的事實？

5 分手後，我是否能夠接受當下的情緒？

我是否允許自己悲傷、憤怒、失落，還是試圖壓抑這些感受，假裝自己沒事？

6

過去的這段感情帶給我什麼成長？

無論結局如何，我是否能夠感謝這段關係帶來的經驗、教訓，甚至美好的回憶？

7

分手後，我是否還在試圖維繫「不健康的連結」？

我是否一直關注對方的社群媒體、不斷打探他的近況，或藉機聯繫，試圖延續某種情感上的依賴？

8

我是否因分手而懷疑自己的價值？

我是否因對方的選擇而覺得自己不值得被愛？如果是，我該如何重建對自己的肯定？

9

分手後，我是否願意嘗試專注於自己？

我是否能將這段感情的結束，轉化為重新愛自己的契機，例如發展興趣、照顧身心，甚至重新認識自己？

10

如果未來再次面對分手，我希望自己能以什麼樣的心態去處理？

我是否希望自己能更成熟、更有意識地面對分手，而不是陷入過度糾結或自責？

特別收錄

從心碎到心動，攜手重啟人生──Vito大叔

二〇二三年一月十九日，那是我永遠都忘不掉的日子。因為繼中高齡失業之後，我又失去了婚姻，正式成為年過五十，失業、失婚、又失意的中年大叔。

中年失婚對於男人來說，是遠比中年失業還要挫折一百倍的打擊。過往的自己始終相信著「就算失去了所有，還有個家在等著我」，單憑藉著這樣的信念，我走過了生命中許多的低谷。可萬萬沒想到竟然有一天，就連最後的堡壘都不小心給搞丟了……

那段時間我萬念俱灰，有長達半年的時間鎮日醉生夢死，甚至還興起了輕生的念頭，老天爺終於看不下去，好心安排了一位天使來到自己的身邊。我們相知相惜，允諾成為彼此的業力夥伴，更攜手走出了失婚的幽暗地獄。

二〇二三年七月二十日，「分手的99個理由」Podcast頻道誕生，這個節目除了是送給胡咪老師的生日禮物，也是奉獻給這個世界的美好祝福。願每一個人，都能在「愛」裡成

為更好的自己。

有願就有力，不知不覺中我們已經共同製播了超過一百七十多集的節目，討論了無數關於兩性相處、關係改善、心靈成長、身體性愛，以及內在療癒相關的主題內容。而我也在過程中不斷反躬自省，終於明白自己失去婚姻的主要原因。

親密關係的三大基石

第一個原因是「溝通」，我沒有覺察並同理伴侶的心情，長期的溝通不良加上生活中的壓力，造成了兩個人的心漸行漸遠，終於成為彼此最熟悉的陌生人。

第二個原因是「性」，我沒有滿足伴侶的需求，從剛交往時的乾柴烈火，慢慢變成養兒育女後的槁木死灰，雙方隱諱難言的渴望長期被壓抑忽視，無法滿足的欲望在地獄裡點燃，化為玉石俱焚的無情野火。

第三個原因是「愛」，我沒有給予伴侶足夠的關懷與感激，把對方付出的一切都視為理所當然，自己該做的每件事卻全部不聞不問。心涼了，愛沒了，人就走了。

我原先以為壓垮自己婚姻的最後一根稻草是「錢」，但其實分手真正的關鍵在於「親密關係」是否穩固。尤其是存在兩個人之間的性、愛、溝通這三大要素上頭。

性之於身，愛之於心，溝通之於靈，三者缺一不可，相加起來就等同於內在的豐盛能量。而金錢，只能帶來外在的富裕能量。很多有錢人的婚姻出了問題，不是因為他們錢不夠花，而是親密關係出了問題。反觀有些伴侶就算一時欠錢負債，雙方依舊不離不棄，只是因為親密關係夠穩固，就算日子再難過，依舊能夠彼此依偎度過艱辛。

再出發，朝向幸福前進！

二〇二四年十月十四日，我與胡咪老師展開了一場為期兩週的愛琴海圓夢之旅，我們從桃園國際機場出發，先過境杜拜，再抵達土耳其伊斯坦堡，最後搭乘豪華郵輪周遊希臘、義大利，以及斯洛維尼亞。透過愛琴海上日復一日無瑕的藍天，我們慢慢療癒了彼此心中被愛所劃出的傷痛。

在機場的免稅商店裡，我發現了一只以玫瑰金、白金和黃金相互交織的戒環，三者分別代表著「忠誠」、「友誼」和「愛情」，也象徵著神聖的三位一體承諾。我不禁想起了自己領悟到的「性」、「愛」、「溝通」以及「身」、「心」、「靈」，於是便跟胡咪老師提議，就用這枚意義不凡的戒指作為雙方的信物，見證彼此攜手共度未來的心意。

二〇二五年三月十二日，連袂創作的這一本書正式出版，除了記錄下她過往的情感覺察，也象徵我們的內心穿越重重分手傷痕後的全新啟程。

無論過去的你發生過什麼事，永遠記得活好現在，未來綻放。一定要幸福喔！

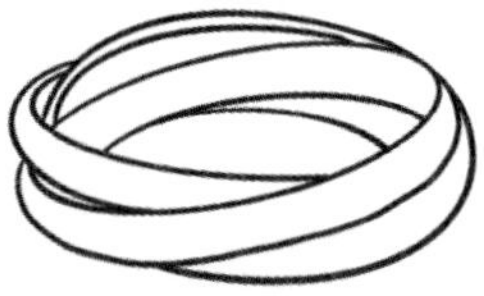

致謝

當我第一次做熱情測試的時候，曾寫下一條熱情——寫出被評選為「一生必讀經典」的書。那時新婚燕爾，不曾想過其後寫的第一本書竟是因離婚而作。亦不曾想過創作不易，除了書寫時回憶過往，經常寫了就哭，哭完再寫，姑且視為精神上的磨礪；肩頸背僵硬痠痛到夜不成眠，大抵就是肉體上的淬鍊。就在內外淬礪下，走完這趟書寫的旅程。

感謝行銷企畫芳如，從書籍發想伊始就給予最大的空間，讓書寶寶長出自己的樣子；總編輯曹慧在內容上給予的巧思建言，既為書籍層次增色，也使讀者不僅是閱讀，更能透過反覆叩問，一步步向內探索。

感謝家人的照拂，在我久坐案前，不辨日夜時，總能有一口熱飯菜吃；感謝家中群貓，不時在電腦螢幕與鍵盤前踏來踩去，不逼奴才我離開座位相擼誓不甘休，終於讓我還記得起身活動筋骨。

謝謝「分手的99個理由」海內外的聽眾，因為你們分享了生命中的故事，使我得以去識別化的方式將之呈現，希望以這樣的方式為你們的信任留下紀錄，也能給予有同樣經歷的人得以參照而有所觸發。

高雄班的學生大概是追我寫作進度追得比總編凶狠的一群，我們相約每週見面時匯報書寫進度，見到老師幾個月來腸枯思竭、捶胸頓足的窘態，班級氣氛很是歡樂；面對這一群背負極大考試壓力的大孩子們，相濡以沫的日子十分溫暖，謝謝你們的支持。

榮格曾說：「如果沒有遺憾，就沒有所謂的創造，只有承擔代價的人才能有所創造。」這份創造遠不僅是一本書，尚有嶄新的生命經驗，與一段不同以往的親密關係。謝謝Vito總在第一手閱讀文稿後說：「寫得真好」、「妳太厲害」、「這些內容一定能幫助到有需要的人」，這份無條件的支持與信任，若不是情人眼裡出西施，那肯定就是這些文字真能帶給生命躓踣中的你一份微光與力量；果真如此，那真是太好了。如果可以，記得來信告訴我，復原路上的你正在漸漸變好，讓我再為你獻上更多的祝福。

詩人魯米說：「你的任務並不是尋找愛，而只是尋找和發現在你自己裡面為了反對愛而建立的所有障礙。」愛自己，是終生浪漫的事。感謝你閱讀至此，祝願我們一生爛漫，活在愛裡。

belle vue 56

分手的99個理由

學會放手．愛自己的人生必修課

作　　者　胡　咪
繪　　者　Vito大叔
總 編 輯　曹　慧
主　　編　曹　慧
美術設計　mollychang.cagw.
行銷企畫　鍾惠鈞
出　　版　奇光出版／遠足文化事業股份有限公司
E-mail: lumieres@bookrep.com.tw
粉絲團：https://www.facebook.com/lumierespublishing
發　　行　遠足文化事業股份有限公司（讀書共和國出版集團）
http://www.bookrep.com.tw
service@bookrep.com.tw
23141新北市新店區民權路108-4號8樓
電話：(02) 22181417
郵撥帳號：19504465 戶名：遠足文化事業股份有限公司
法律顧問　華洋法律事務所 蘇文生律師
印　　製　呈靖彩藝有限公司
初版一刷　2025年3月
定　　價　400元
I S B N　978-626-7221-93-8 書號：1LBV0056
978-626-7221945（EPUB）
978-626-7221952（PDF）

國家圖書館出版品預行編目資料

分手的99個理由：學會放手・愛自己的人生必修課 / 胡咪著. -- 初版. -- 新北市：奇光出版, 遠足文化事業股份有限公司, 2025.03

面；　公分

ISBN 978-626-7221-93-8（平裝）

1. CST: 自我肯定　2. CST: 自我實現

177.2　　114000504

線上讀者回函